柳艳丽 ——

著

抓住孩子的敏感期，启动孩子的高天赋

台海出版社

图书在版编目（CIP）数据

抓住孩子的敏感期，启动孩子的高天赋 / 柳艳丽著
. -- 北京：台海出版社，2020.12
　　ISBN 978-7-5168-2772-7

　　Ⅰ.①抓… Ⅱ.①柳… Ⅲ.①儿童教育—家庭教育
Ⅳ.① G782

中国版本图书馆 CIP 数据核字（2020）第 198143 号

抓住孩子的敏感期，启动孩子的高天赋

著　　者：柳艳丽

出 版 人：蔡　旭　　　　　　　　封面设计：末末美书
责任编辑：王慧敏

出版发行：台海出版社
地　　址：北京市东城区景山东街 20 号　邮政编码：100009
电　　话：010-64041652（发行，邮购）
传　　真：010-84045799（总编室）
网　　址：www.taimeng.org.cn/thcbs/default.htm
E－m a i l：thcbs@126.com

经　　销：全国各地新华书店
印　　刷：天津中印联印务有限公司
本书如有破损、缺页、装订错误，请与本社联系调换

开　　本：710 毫米 × 1000 毫米　　1/16
字　　数：198 千字　　　　　　　　印　张：15
版　　次：2020 年 12 月第 1 版　　印　次：2021 年 1 月 第 1 次印刷
书　　号：ISBN 978-7-5168-2772-7
定　　价：45.00 元

　　家长是最爱孩子的人，是孩子的守护者，也是孩子人生的第一位老师。孩子的成长与一言一行，甚至是细微的情绪变化都是家长无比关注的。

　　为什么孩子爱吃手，爱把玩具塞到嘴里，还吃得津津有味呢？为什么孩子突然喜欢接电话，还和家长抢电话？为什么孩子变得执拗，偏要自己穿衣服，偏要先穿上衣再穿裤子；你想给他穿，他偏不要？为什么孩子对观察蚂蚁情有独钟，趴在地上，一观察就是半个小时？为什么孩子变得固执、叛逆，你说什么他都会拒绝呢？为什么孩子一开始很爱读书、写字，可越来越厌学，一说到写作业就垂头丧气？凡此种种，都是什么原因呢？

　　家长的心里一定有很多困惑，感觉孩子就像是一个无法解开的谜。有的会耐心地了解和分析孩子的行为，从而走进孩子的内心；有的则做不到这一点，看到孩子哭闹，首先想到的就是批评、训斥，看到孩子表现出"不乖"或"奇怪"的行为就会制止、管束。这样不仅违背了孩子的天性，家长觉得烦躁、疲惫，孩子的内心也痛苦，还给将来的成长留下隐患。

　　事实上，家长眼里那些"不乖"或"奇怪"的行为，那些"错误"和

"可笑"的行为，都源于一个特殊而又关键的因素——敏感期。

敏感期，是意大利教育家玛利亚·蒙台梭利最先提出的，并且给出了自己的定义：所谓的敏感期，是指在0到6岁的成长过程中，儿童受内在生命力的驱使，在某个时间段内，专心吸收环境中某一事物的特质，并不断重复实践的过程。

换句话说，在某个时期，孩子会有某种强烈的行为，对某件事有强烈的兴趣和欲望。比如，行走的敏感期，孩子会不断行走、奔跑、爬高、跳跃，以发展双脚、双腿的能力；模仿敏感期，孩子会酷爱模仿父母、小伙伴、陌生人，模仿动画片的人物、台词、情节，模仿各种动物的叫声与行为。

敏感期是自然赋予孩子的生命助力，既是持续的，也是短暂的。如果在这段时间内，家长及时加以引导和训练，刺激敏感期得到充足发展，孩子便可以轻松地获得各种能力。可若是家长没有注意到敏感期的到来，或是使孩子内在需求和渴望得不到满足，孩子就会丧失学习的最佳时机，之后不管怎么努力，成果也会大打折扣。更为关键的是，这会给孩子的内心造成伤害，甚至给孩子的性格、心理发展带来不良影响。

所以，在这里我特别提醒所有家长，教育孩子不能只看表面的东西，而是应该了解孩子，探究孩子行为背后的原因；了解和重视孩子成长过程中的大大小小敏感期，让他在敏感期里自由、努力且充分地发展各项能力。同时，家长要给予孩子积极的引导和训练，提供最有价值的陪伴和帮助，提供最优越、有利的环境。

在本书中，我着重从感官刺激敏感期、语言组织敏感期、动作协调敏感期、公共秩序敏感期、行为习惯敏感期、社交意识敏感期、自我意识敏感期、事物兴趣敏感期、阅读体验敏感期、文学学习敏感期、叛逆厌学敏感期等方面着手，列举不同敏感期孩子的行为表现、心理特征，希望帮助家长们认识到孩子的敏感期。

我相信，通过一个个生动有趣的小故事，浅显易懂的分析和讲解，家长们一定会领悟到敏感期教育的真正意义，帮助孩子顺利度过成长过程中的每一个敏感期。

目 录

第一章

错过成长敏感期，
你将封印孩子90%的内在生命力

蒙台梭利说，在孩子的敏感期，他会对某些东西和运动表现出强烈而非凡的兴趣，当敏感期达到一定高度时，就好像聚光灯在照亮一些东西，使其他东西处于阴影中。错过成长敏感期，孩子身体、智力、情绪、心理、感觉等方面的正常发展就很可能受到破坏。

蒙台梭利发现，成长敏感期才是孩子成才的关键

生命是奇妙的，孩子从呱呱落地到会走路、说话、吃饭，再到游戏、运动、学习、与人社交等一切行为活动都是从无到有、从懵懂到熟练。这就是成长，就是孩子开始生命历程的一步步探索和适应。

在成长的过程中，孩子会对外界的刺激产生一种特殊的、敏锐的感受力，会对某一个行为、某一事物产生极大的兴趣或生理的反应，更会使某一能力得到充分发展，比如听觉、视觉、学习、社交等，这就是我们所说的成长敏感期。

成长敏感期是由意大利教育家玛利亚·蒙台梭利最先发现的，他认为这是教育孩子、发展某些技能的关键期，是孩子内在生命力的驱动，对孩子的成长至关重要。若是家长不重视孩子的成长敏感期，在相应的阶段没有刺激或锻炼某种技能，那么在将来就很难再发展，或是存在着缺陷。

举个例子，一般情况下，0到6岁是孩子的语言组织敏感期。这个阶段若是没有接受适当的语言训练，语言表达受到限制，那么他内心的动力和渴望就会逐渐减退，尝试和学习的狂热就会消失。当对语言的敏感期消失后，这个关键敏感期就错过了，孩子就可能变得少言寡语、不善表达，甚至产生语言表达障碍。

我遇到过这样一个孩子，三四岁时非常喜欢说话，不管在家里还是外面都"哒哒哒"地说个没完。而且小嘴非常甜，每次和妈妈外出，见到我都会礼貌地问好，"阿姨好""阿姨再见"。我和她妈妈聊天，她也会在一旁参与，是个十足的可人儿。

可一段时间后，我发现原本活泼可爱、能说会道的她不见了，变得不喜欢讲话，不愿与人交流。开始，我以为孩子是情绪不好，后来发现根本不是那么回事。她是想说，但又不敢说。我和她妈妈说话，说到她的问题，她总是想说什么，可又放弃了。

经过了解，我才知道原因：原来这一段时间，孩子非常爱插嘴，爸爸妈妈在谈论事情，她便在一旁插话，"妈妈，你们在说什么？""是说爸爸的工作吗？什么事情啊？"妈妈在和朋友打电话，她也在一旁插话，"妈妈，你和谁打电话呀？你们在说什么呀？""明天是周日，你们要出去玩啊？"

尽管妈妈多次批评她"大人说话，你不要插嘴，这是不礼貌的""你怎么这么多话"，可效果并不好。这个孩子总是爱插话，不管身边谁在交流，不管人家说什么事情，她都要问一问，插两句。面对这种"不礼貌"的行为，孩子的妈妈感到很无奈，为了让孩子改掉这个坏习惯，一直训斥、批评。

又过了一段时间，妈妈的"管教"终于见效了，这个孩子不再乱插话。可这个结果真的好吗？并非如此。孩子失去表达欲，即便大人和她说话，也不愿搭理，即便与同龄人在一起，也不再愿意表达。

其实，孩子爱插话，是因为对语言敏感，有好奇心和强烈的表现欲，想表达自己的想法，迫不及待地想解决内心的"疑问"。这是语言敏感期最为寻常的表现之一，只要家长能积极引导，耐心与孩子沟通，孩子便可以适当地表现，同时也能高情商地表现自己。

一般来说，孩子的语言组织敏感期从他开始牙牙学语就开始了。1岁左右，他会模仿大人说话的嘴型、声音，发出咿咿呀呀的声音。慢慢地，他会模仿各种动物的叫声、各种东西的响声，开始学会母语。3岁左右，孩子学会各种日常生活用语，学会与人交流，学会自主思考、表达自己等。

语言组织敏感期是一个漫长的过程，也是孩子成长过程中最为重要的时期。若是不能刺激孩子的语言敏感力，提供良好的教育和训练，那么对孩子将产生很多不良影响。我碰到的这个孩子便是如此，家长认识偏差，不仅不重视培养孩子的语言敏感力，反而打击、制止，结果让孩子错过了这个关键敏感期。

除了语言组织敏感期，孩子还将经历下面几个敏感期，即感官刺激敏感期、动作协调敏感期、公共秩序敏感期、行为习惯敏感期、社交意识敏感期、自我意识敏感期、事物兴趣敏感期、阅读体验敏感期、文学学习敏感期、叛逆厌学敏感期等。

每个敏感期，孩子的敏感力不同，接受某种刺激的能力也有所不同。但不管怎样，只要家长能意识到敏感期的存在，适时给予孩子正确的教育和引导，就可以促进孩子各方面能力的成长。相反，若是家长没能及时抓住孩子的敏感期，只从自身角度出发，一味对孩子进行管制、打压，就会让孩子错过人生中最重要的成长爆发点。

比如，把孩子口欲期的吃东西、咬东西当作坏行为，为了所谓的干净、卫生而一味制止；把孩子的爬高、涂鸦当作是淘气、捣乱，不分青红皂白就打骂；把孩子自我意识发展当作自私，强迫孩子分享；干涉孩子的兴趣爱好等。这样错误的教育，无疑会让孩子的成长受限。

在孩子0到6岁期间，有大大小小十几个敏感期。6岁之后还有几个重要的敏感期。忽视孩子的敏感期，必将对其未来产生很多的不良影响，到那个时候家长后悔也晚了。

所以，在孩子成长的过程中，多一些细心、耐心、关心和爱心，抓住孩子生命中这几个关键成长敏感期，再加上精心护理、引导、支持，那孩子必将如同鲜花般尽情绽放、芳香四溢。

那些敏感期"发育不良"的孩子，现在都怎么样了

敏感期得到充分发展，孩子身体健康、头脑聪明、心理健康。而敏感期"发育不良"，孩子的成长很可能磕磕绊绊，未来或许存在很多问题。

前段时间朋友与我聊天，谈到她认识的一个男孩，不擅于与人交往，性格孤僻、内向，甚至有些社交恐惧症。男孩曾说："我渴望与人和谐相处，渴望像其他人一样在公众场合侃侃而谈。然而我知道这对我来说太难了，我不知道如何开口，时常想开口又退缩。"男孩处于矛盾的煎熬中，生活不快乐，职场也不顺利。

可男孩这孤僻的性格，并不是天生的。在性格发育的关键时刻，在社交意识发展这一关键敏感期，他经历了孤独、冷漠对待、亲情缺失，于是一点点封闭了自己的心。朋友说，这男孩的父母在他5岁时就离婚了，妈妈一个人带着他生活。因为要养活两个人，妈妈总是早出晚归，加班加点地工作，早早就把他送进幼儿园，很晚才接他回家。因为每天身体都很疲惫，于是便希望他能安安静静的，要求他不要太调皮、不要到处跑，几乎很少和他交流、谈心。

幼儿园举行一些亲子活动，妈妈没有时间参加，也没有心思参加。于是，男孩总是一个人坐在板凳上，看着其他孩子与父母欢快地游戏。周末的

时候，妈妈没有时间休息，男孩便一个人在家，玩游戏、看电视、吃妈妈留下的面包和饭菜。

男孩没有机会到室外，没有机会和同龄孩子玩耍，更缺少父母的陪伴。同时，男孩爸爸对他也很冷漠，几乎很少关心他，更很少来看他。慢慢地，男孩越来越自卑、孤僻，不愿意和别人交往，更不愿意和妈妈说话。之前，妈妈回到家，他总是非常兴奋，缠着妈妈说这说那，还会给妈妈准备水，然后给妈妈捶背。现在他对妈妈也很冷漠，几乎不亲近、不交流。上小学、上中学，他不合群、不愿与人交流，几乎没有一个朋友。不管在任何场合，他好像是一个局外人，一个人站在旁边看着别人开心说笑。

听了孩子的故事，我真的非常难过。因为父母的过错，孩子错过了最关键的敏感期，在性格上存在缺陷，在人格上不成熟，这是多么可惜啊！

或许有人会说："这个妈妈很无奈，需要努力赚钱，养活自己和孩子。哪有那么多精力陪伴孩子？哪有那么多心思关注什么敏感期？"没错，我不否认，孩子的妈妈是爱他的，无奈之下才不去参加亲子活动，把孩子一个人放在家里。可这不是她忽视孩子、对孩子冷漠的理由！送孩子上幼儿园的路上，嘱咐和关心几句；接孩子放学的途中，询问孩子有什么有趣的事情；回家之后，多和孩子沟通，鼓励他多交一些朋友，孩子的内心就不会如此孤独。

在此期间，孩子内心最大的渴望和需求就是情感，这个情感包括与妈妈的亲情，与朋友的友情。当这种情感得不到满足时，内心就会受到巨大伤害，不再愿意与人交往，不再愿意相信任何人。尽管他内心渴望被关心，渴望亲情和友情，但因为缺乏安全感，再加上不知道如何与人沟通，便会敏感、冷漠，甚至是暴躁。即便成年之后，他能调节自己，能慢慢地与孤独和解，可依旧敏感、孤僻，很难与人亲近，也很难结交到朋友。

在成长敏感期，一个看似不大的失误，对孩子的一生就是很大的伤害。

所以，家长一定要关注孩子的成长敏感期，千万不要因为疏忽大意，让孩子的敏感期"发育不良"。

万物都有自己的成长季节，你错过了这个季节，就很难弥补了。对孩子的教育也是如此，不管是感官刺激敏感期，还是公共秩序敏感期，抑或是文化学习敏感期，往往很快就过去了。

很多家长认为，错过了敏感期，之后再弥补不就行了嘛！是的，错过敏感期，并非不能补救，一旦有了环境刺激，敏感期还会再次出现。比如错过了2岁前后的运动敏感期，可以在3岁这个阶段弥补。然而，随着孩子的年龄增长，敏感力会相应减弱，弥补之后也可能出现问题。

更何况2岁时弥补2岁前的，3岁时弥补3岁前的，越积累孩子的不足就越多，越往后弥补的难度也就越大。尤其是孩子6岁后，错过了敏感期，基本上就很难弥补了。直到长大，这个不足也会一直跟随着孩子。

如果你不想自家孩子如前面那个男孩一样，除了爱和自由，同时还需要耐心地教育和引导，帮助孩子度过各个敏感期。

敏感期因而人而定，线索全在孩子的言行举止之中

天空中漂浮的白云，没有一朵是形状相似的，孩子的性格、兴趣、爱好、生活环境也都不尽相同。于是我们时常说，每个孩子都是独一无二的个体，都是与众不同的存在。那么，在敏感期这个问题上，不同的孩子是否存在差异呢？

答案是肯定的。敏感期在一个孩子身上表现出一种形式，在另一个孩子身上则表现出完全不同的形式。就拿秩序敏感期来说吧，一个孩子可能坚持严格的起床、睡觉时间，一个孩子就可能更注重物品的摆放，绝不允许别人把自己的东西弄乱，而另一个孩子则在意做事情的顺序，还有的孩子多种情况兼有之。

而考量孩子是否到了秩序敏感期，家长需要细心地观察，抓住孩子言行举止的特征、细节、规律，而不是想当然地认定——秩序敏感期的孩子应该是这样的，我家孩子没这个表现，就是没有进入敏感期。

前段时间看过一个视频：一个2岁左右的孩子正在吃饭，妈妈为他准备了牛肉、蛋卷、米饭、豆芽。这些食物有序地摆在盘子里，孩子一个一个按照顺序吃，先吃牛肉，再吃蛋卷，然后是米饭。此时，爸爸或许担心孩子不吃豆芽，便把豆芽和米饭混在一起，然后对孩子说："饭和菜一起吃……"

可这句话还没说完，孩子便大哭起来，不愿意继续吃饭。

爸爸板着脸，说："好好吃饭，不许再胡闹了！"

妈妈解释说："孩子可能进入敏感期了，不想你打破他的吃饭顺序。"

爸爸不以为然地说："哪里是这样？我已经看了资料，人家孩子都是更重视生活规律、物品摆放，他就是不爱吃豆芽，就是在耍脾气！"

妈妈继续说："为什么你家孩子一定和人家孩子一样呢？敏感期是因人而异的。"说完，妈妈把这些饭菜倒入自己碗中，然后再为孩子准备了米饭、豆芽，孩子随即就停止了哭闹。接下来，孩子还是按照顺序吃饭，吃完了米饭之后，吃掉了豆芽，然后心满意足地打了一个大饱嗝。

这个孩子注重做事的顺序，想要维持自己的秩序感，当爸爸把食物混在一起时，他感觉自己的秩序感被打破，便出现了激烈的反应。这个行为虽然与其他孩子不同，但就是进入敏感期的表现。

再看看另一个孩子，他的表现又有区别了。

一个朋友带着孩子到姥姥家玩，聊天的时候，朋友坐在姥姥的专属摇椅上。谁知，孩子竟然大声哭闹起来，一边喊着"你不要坐，你不要坐"，一边拉着朋友的手，试图把朋友拉起来。

朋友和孩子姥姥都以为是孩子自己想要坐，便耐心地说："宝宝乖，妈妈有些累了，坐一会儿再让给你，好吗？"可孩子根本不听，说什么都要让朋友起来。这时，朋友有些生气，训斥道："你这孩子怎么这样霸道，太过分了！"然后就生气地站了起来。

孩子立即停住哭声，拉着姥姥坐下来，说道："姥姥坐，姥姥坐。"这时，朋友才明白孩子这是到了秩序敏感期，在他的意识里，摇椅就是姥姥的，谁也不能坐。朋友打破了这个秩序感，所以他才会哭闹不止。

通过这两个例子，家长们是否明白了？没错，同为敏感期，孩子有很多相同的心理特征、行为表现，但是每个孩子的行为还是有区别的，有鲜明的个人特色。我们不能一概而论，不能只看到普遍性，而忽视了个别性。只有做到细心地观察，对孩子的一言一行进行分析，准确地捕捉到敏感期的到来，然后给予正确、及时的引导，这样才能促进孩子的健康成长。

当然，除了行为表现上的差别，不同孩子进入敏感期的时间也是不同的。一般来说，孩子在3岁半左右会对书写产生敏感，在4岁半左右会对阅读产生敏感，然后进入阅读体验敏感期。若是家长能尽早培养，教孩子书写、阅读，让他发现书写、阅读的乐趣，那么敏感期往往就会提前。另外，若是孩子在文字方面有天赋，书写、阅读的敏感力就会比其他孩子更强，敏感期就比其他孩子更早到来。

教育是因人而异，不可复制，更不能模仿的。对于不同性格的孩子，我们应该采取不同的教育方式，让他们都能绽放各自的光彩。同样，我们也要多了解孩子，多与孩子交流，发现和接纳他在敏感期中行为、时间的差异，然后给予足够的空间和自由，给予及时、正确的引导。

紧抓敏感期，也要给孩子自由发展的权利

敏感期是孩子自我发展的突破期，只有给予足够的爱和自由，孩子才能得到足够的安全感，自觉地在各个发展点上探索、努力，进而得到更好的自我发展。这就意味着，家长应该给孩子提供一个良好的环境，或是给予相应的引导、帮助，让孩子的敏感力达到一个高度，进而使得身心、情感、欲望得到最大的满足。

这一点很多家长都懂，也想尽办法不错过每一个关键的敏感期。可我还是发现很多家长或许是因为急功近利，不了解孩子的需求，慢慢地步入了教育的误区。一开始，家长们的想法很简单——紧抓敏感期，开启孩子的能力和天赋。可走着走着，引导和帮助变成了强迫和管束，支持和激励也变成了否定、训斥，然后导致结果适得其反。

我所在的小区，有一个5岁左右的女孩名叫童童，原本属于放养的状态。童童妈妈时常带孩子到外面玩，包括小区广场、公园、游乐场，母女两人都乐得自由自在。可最近我很少见母女两人外出，也很少在小区广场见到她们，心里感到一丝疑惑，还以为她们一家搬走了。

前日，回家的途中再一次偶遇童童和她妈妈，便询问其原因。童童妈妈说："哎，没什么，最近我们都在家阅读呢，这不我刚到图书大厦给她买了

一些绘本，让她好好地读一读。对了，你家孩子经常看绘本吗？"

我回答说："对啊，小时候我就经常读给她听，现在已经长大了，会看一些故事书。"

童童妈妈好像很懊恼，说道："你看看，是吧？本以为孩子上小学前只要玩好就可以了，可前几天我才知道孩子四五岁就进入了阅读敏感期，得好好地引导和培养。那些尽早引导的孩子，已经阅读了几百本绘本，还会背诵唐诗、《千字文》等，养成了爱读书的好习惯。再回头看看，我家孩子除了在幼儿园读一些绘本，几乎没读过什么书。我的教育真是失败，差点让孩子错过了这个最重要的敏感期。"

我点着头说："是的，阅读敏感期确实很重要。"

听了这话，童童妈妈看着童童，批评道："听听，阿姨也这样说。你已经比别人落后了，还不抓紧时间？让你看绘本，你却嚷嚷着出来玩，一不注意你就玩起游戏了。从今天起，你必须在家阅读绘本，然后再背唐诗，不许出来玩，不许看电视。"

听了童童妈妈的话，我觉得有些不妥，重视孩子阅读是可以的，但不能强迫，也不能剥夺孩子玩的权利。于是我委婉地说："其实，你也不用着急，可以慢慢来……"

可话还没说完，童童妈妈便说："不着急怎么行，她已经比别人落后了！我要是不严格点，她怎么养成爱阅读的好习惯？不爱上阅读，之后上学就更麻烦了！"说完，她就拉着童童走了。

童童会爱上阅读，养成良好的阅读习惯吗？答案是否定的。原因很简单，妈妈的管束和强迫，让她失去了自由和自主选择的权利，妈妈的否定和训斥让她伤了自尊，失去了对阅读的兴趣和欲望。之后，童童很可能厌恶阅读、逃避阅读，还可能在将来产生一定的阅读障碍。

其实，这不是我"危言耸听"。无数教育成功和不成功的例子都说明一个道理：只有在自由的家庭，孩子的各种兴趣和需求才能得到满足，孩子才能变得更加独立、自信、自律、自强，拥有自己的思想、意志和判断力，从而使得各种人格特征自然呈现，顺利地度过敏感期，获得更好的发展。若是家长的教育让孩子失去自由，被强迫、被管束、被推着往前走，那么家长被埋怨是小事情，孩子失去自主、独立的能力，心理出现问题才是大麻烦。

家长应该紧抓孩子敏感期，促进其各种能力的充足发展，但是也要给孩子自由的成长空间，让孩子去做自己喜欢做的事情，自己思考和决定如何去做。怕孩子受伤，很多东西都替孩子做、为孩子代办，这或许可以减少很多危险，却造就了孩子的无能。为孩子着想，极力促进孩子发展阅读、音乐、舞蹈等兴趣，想办法督促孩子学习学习再学习，不仅对其能力培养无益，还可能影响孩子的身心健康。同样，在孩子的成长过程中，家长若是把自己的意愿强加给孩子，打着"为你好"的旗号让孩子做出违背内心的选择，即便他的能力有所提升，但精神是否独立、人格是否成熟也是一个未知数。

著名的儿童心理学家孙瑞雪曾经说："儿童的心灵是一个神秘的深渊，照料他的成人并不了解它。当我们不了解的时候，让外面怀着敬畏之心，给他们爱和自由。"对于孩子来说，爱与自由是最重要的，在成长敏感期，孩子被赋予了一种特殊的情感和欲望，这促使他对某件事情有强烈的激情，把全部精力都集中在这个事情上。可这一切的前提是，孩子的探索、尝试与努力是自觉的、心甘情愿的，而不是被别人教的、强迫的。

换句话说，在敏感期的孩子对某件事有好奇心和激情，可这种情感首先是无意识的。一旦遇到家长的不当教育，这激情之火就会被熄灭，甚至会产生一种反方向的力量。

所以，在孩子发展的敏感期，家长可以做孩子的引导者、参谋者和鼓励

者，千万不能做掌控者和管束者。给孩子多一些自由的空间和自主选择的权
利，有意识地去呵护和引导，同时教会孩子自律、自控、自我管理，这样一
来才能提高孩子各方面的能力，帮助孩子顺利度过敏感期。

第二章

感官刺激敏感期：
细心启发孩子的认知敏锐力

孩子从出生起，就进入了感官刺激敏感期，会借助听觉、视觉、味觉、触觉等来了解和感知这个世界。随着年龄的增长，他的感官认知和分析能力逐渐成熟，对环境和各种事物有了判断，同时充满了好奇心和探求欲。

视觉敏感期，合理激发孩子的视觉感知力

刚出生的婴儿，虽然视力发展还未健全，可对光线很敏感。受到强光的刺激，他会感到害怕，立即闭上眼睛，或是扭过头去。看到柔和的光线，他又会被吸引，盯着光线看好半天，还会用小手去抓。小家伙好像在和光线捉迷藏，一会儿躲避，一会儿追逐，一会儿又尝试抓取，很是有意思。

几个月大后，孩子就会对明暗光线非常敏感，如果能够从不同角度来看不同的光线，他就会更加兴奋。他喜欢对比光线，喜欢黑白相间的或斑斑驳驳的影子。这个时期，家长可以让孩子看柔和的灯光、斑驳的阴影，也可以利用黑白早教卡来刺激他的视觉敏感性。

或许很多家长抱有怀疑态度，对这么小的孩子进行视觉早教，真的有必要吗？而且持有这种观点的人并不少，其中不乏年轻的家长。我的一位朋友莉莉，最近就和我分享了自己的苦恼，说自己孩子的爸爸和奶奶对视觉早教存在认知偏差，而她不知道如何说服。

莉莉是一位新手妈妈，宝宝刚出生一个多月，她看过很多相关书籍，认识到早教对宝宝的重要性。于是，她网购了几本黑白卡片和彩色卡片，每天都摆在宝宝眼前，对宝宝进行视觉早教。可孩子的爸爸和奶奶都觉得她的做法很可笑，说："孩子还那么小，哪里懂得看东西？"

莉莉解释说："专家说了，尽早对孩子进行刺激，可以开发孩子的视觉，让宝宝的大脑发育得更好，将来智力会更高。"

可孩子爸爸依旧不以为然，还取笑她说："专家说的就对吗？你这就是自欺欺人。孩子的成长发育都是自然的，到了一定年龄，视觉自然就会发展了。你看，我们之前也没有什么早教，视力、听力、大脑发育不也是很好吗？"

作为家长，如果你也是这样想的，那就错了。没错，孩子的视力会自然发展，但在视觉敏感期，若是能有意识地去开发、训练，孩子就会更快、更全面地借助视力来熟悉和认识周围的环境。

同时，婴儿在刚出生时，大脑还处于构建的过程，任何一种感觉的形成都需要接受一定的刺激，才能正常地发育和发挥作用。视觉是其他感觉的基础，只有尽早刺激视觉，孩子的听觉、触觉、嗅觉才能更早发育、更直接、更敏锐，大脑发育才能更好。

我建议莉莉说："说服其他人是很难的，其实你完全没必要说服他们。只要你自己能做好早教，那孩子就会受益匪浅。"

之后，虽然受到孩子爸爸和奶奶的反对，可莉莉依然没有放弃对宝宝的视觉早教。她每天都让孩子看黑白卡片，一段时间后，孩子的视线会跟随卡片移动，而且一看到卡片就非常高兴。过了几个月，宝宝开始对彩色卡片感兴趣，喜欢五彩缤纷的东西，看到大红窗帘飘动就手舞足蹈。于是，莉莉兴高采烈地买来一些彩色气球，挂在孩子的床头。

莉莉还在早教书上学到了几个简单的小游戏，来训练孩子的视觉敏感力。她用手蒙住宝宝的眼睛，然后慢慢地移开，过一会儿又蒙住宝宝的眼睛，如此反复，孩子高兴地呵呵笑了起来。她还准备了一支手电筒，用一块纱布包住，晚上把灯关掉，打开手电筒，然后把光线投射在房顶，慢慢地移动手电筒。宝宝的眼睛一直追随着光源，一边追随一边笑，玩得不亦乐乎。

她还找来几张废旧光盘，时不时拿出来和宝宝玩。宝宝只要看到光盘就很开心，还会专注地看，一看就是几分钟。这是因为光盘会呈现出不同的颜色。这极大地吸引了宝宝的注意力，刺激了宝宝的视觉敏感。

莉莉坚持对宝宝进行视觉早教，而宝宝的发育也非常好，比其他孩子有更强的认知力。

看了莉莉的做法，你还认为对孩子进行视觉早教没必要吗？

可以说，孩子一出生就进入了视觉敏感期，持续到2岁半左右。对孩子来说，这是第一个敏感期，也是他成长的第一个重要时期。如果家长能抓住这个敏感期，尽早培养孩子的视觉敏感性，就会让孩子更好地认识自己、认识世界，并为日后其他方面的发展打下良好基础。可若是家长忽视这个敏感期，不重视孩子视觉力的刺激和训练，就可能害了孩子。

那么具体来说，如何培养孩子的视觉能力呢？

对于刚出生的宝宝，黑白色比彩色更有吸引力，因为此时他的视觉发育并不完善，不能识别色彩鲜艳的东西。同时，孩子对复杂的图案没有识别能力，只能识别简单的图案，比如正方形、圆形。家长可以给孩子看大面积的黑白棋盘，刺激他的视觉敏感。等孩子大一些，对复杂图案的对比度变得更敏感，家长可以给他看面积比较小的棋盘，或是图形的边缘。

到七八个月时，家长可以学习莉莉，利用彩色气球、光盘来训练孩子，还可以利用手电筒玩追逐光源的游戏。这些小游戏可以训练孩子的视觉感知能力，提升孩子的反应能力。不过，我们需要注意的是，游戏玩几分钟就足够了，一旦孩子不再感兴趣，或是表现出烦躁的情绪，就应该立即停止。

孩子再大一些，1到2岁时，家长可以和他玩一些复杂的游戏，比如分辨图形、图形归类等。可以选不同大小的树叶，让孩子分辨哪个叶子大、哪个叶子小；可以选择不同颜色的图片，让孩子按颜色或形状分类。

3岁以后，家长可以为孩子准备不同形状的小玩具，比如各种形状的七巧板、积木、小勺、小杯子，这些东西可以提升孩子的视觉敏感力，增强他对事物的认知力。

　　人们都说"眼睛是心灵之窗"，还说"固需早教，勿失机也"。所以，为了促进孩子的智力、感官敏感力的发展，尽早培养和训练视觉力吧！随着视觉逐渐成熟、敏感，孩子自然就更健康、更聪明了。

多带孩子接触自然，启动他对观察的好感

孩子0到6岁期间，视觉、听觉、嗅觉、触觉，感知力和观察力都可以得到快速发展。这个时候，我们最应该做的就是打开孩子的感官。

打开孩子感官的第一步就是，让孩子有机会接触大自然，接触丰富多彩的世界。选择一个公园，带孩子去看一看，走一走，若是有条件，多带孩子到郊野、田间、树林、大山、河畔去感受一下。让孩子亲眼看看草的繁茂，花的鲜艳，树叶的形状，土壤的颜色，大山的高大，小溪的潺潺；让孩子感受一下小虫子的叫声，鸟儿的鸣叫，以及风吹树叶的声音，河水流动的韵律。

在大自然里，孩子看到的一切都是新鲜且多样的，就连绿色都各有各的特色。有树叶的深绿，草的浅绿，嫩叶的翠绿，等等。孩子的心情是愉快的，思维是活跃的，同时观察能力也是最活跃的。

牛牛是1岁8个月的宝宝，对所有东西都感兴趣，最喜欢的是让妈妈带着去公园、田间地头。公园里，他会高兴地奔跑、跳跃，会蹲下来摸绿草、花朵，会踮起脚尖够树叶、柳条。他会好奇地摸摸粗糙的树干，然后和妈妈说"扎、扎"，会闻着花儿的味道，和妈妈说"香、香"。

在采摘园，他会看着红红的草莓笑，然后小心翼翼地摘下一颗，送到嘴

边品尝。他会伸手够黄瓜、茄子，然后摘下来放进小篮子里，一步一踉跄地走着；在田野里，他会追着路边的鸭子，还会看着它们游泳。

牛牛妈妈每天都带着孩子接触大自然，寻找他感兴趣的东西，这让牛牛感受到了快乐，同时也让孩子对这个世界更好奇，使其更具有观察力。

一位教育专家说得好：大自然是第一本教科书，是世界上最有趣的老师，它的教益无穷无尽。尤其在孩子感官敏感期，家长能多带孩子到大自然中看看，诱导孩子看看各种颜色、形状，听听各种声音，摸摸各种花草树木，帮助孩子建立和完善感官的功能，就可以让他的感觉更敏锐、更精确。

在公园、田野中玩耍时，各种美丽的花花草草，各种神奇的声音，各种奔跑嬉闹刺激着孩子们的感官，让他们对这些充满兴趣和好奇，然后认真细致地观察；新鲜的环境和体验，让孩子们的内心蠢蠢欲动，更愿意表达、探索和尝试。

如果家长把孩子困在家里，只接触各种玩具，玩手机，看电视，不带孩子到公园里奔跑，不带孩子到田野里玩耍，那么孩子就会成为一个感官麻木的"机器人"。如果错过了敏感期，家长再带孩子接触大自然，就不容易达到最理想的效果了。孩子的观察力和智力的发展也会受到很大的影响，因为感觉是一切的基础。

我们小区有一个3岁左右的女孩妮妮，大多数时间在家里玩游戏或看动画片，很少到公园玩，就别提到郊外了。孩子妈妈理所当然地说："现在空气污染严重，不利于孩子身体健康。为了安全起见，小孩子最好在室内活动。"

可这对妮妮产生了很大的不良影响，因为生活空间狭窄，她对外界的一切都很陌生、很迟钝，认不出各种植物，对各种动物也很陌生。偶然一次，看到妮妮妈妈带着妮妮在小公园玩，其他孩子欢快地奔跑，追蝴蝶、观察蚂蚁，妮妮却只待在妈妈身边。其他孩子摘树叶、青草，玩过家家的游戏，妮妮却不敢动手，不敢摸树叶和泥土。

突然，一只知了从树上掉下来，其他孩子都想摸摸它、捅捅它，后来还拿着细线把它捆上，好奇地看它扇动翅膀。妮妮却躲得远远的，偶尔知了飞到她脚边，她立即惊恐地大声哭泣。

儿童心理学上，有一个名词叫作"大自然缺失综合征"，显然妮妮的这种行为就是最典型的表现。因为很少有机会接触大自然，对于花草、动物，甚至是蓝天、阳光都感到陌生和恐惧。这不仅使孩子缺少快乐，不能很好地认识和了解这个世界，还可能导致观察力、好奇心、求知欲的不良发展。时间长了，还可能造成孩子孤独、抑郁、焦虑甚至对整个世界冷漠、麻木。

正如德国心理分析学家亚历山大·米切利希所说："孩子需要玩伴，譬如动物、水、泥巴、树丛、空地。用毛绒玩具、地毯、柏油马路或天井来替代大自然，孩子也可以长大，可日后家长们会发现，这样的孩子在学习某些社会基本原则时会很吃力。"

所以，在感官刺激敏感期，孩子对美丽、神奇的大自然充满了好奇和期待，家长不应该把孩子关在室内，把他们的空间限制在高楼大厦里。给孩子的成长提供一个更广阔的空间，带孩子到公园、田野、大山、树林里，让孩子尽情地投入大自然的怀抱，看看青山绿水、花花草草，听听风声鸟声水声，闻闻花香草香泥土香，再去感受这一切。在这个过程中，家长引导孩子自发观察和思考，调动孩子的视、听、嗅、味、触觉，去认知、去观察、去领悟。

之后家长们就会发现，孩子的自然天赋被开启了，表达和沟通能力似乎得到了进一步提高，并且呈现出强烈的好奇心和敏锐的观察力。同时，孩子的内心会更乐观、更自信。

听觉敏感期，多给孩子准备些有声玩具

不知道家长们有没有发现一个有趣的现象：几个月大的孩子似乎对声音很敏感，对各种声音都非常感兴趣。正在喝奶，有人从外面进来，他便会立即转过头去，听一会儿再继续喝奶；爸爸的电话响了，他也会立即左右转头，好像在寻找声音；妈妈轻轻叫他的名字，他就会看着妈妈，还时不时露出甜甜的笑容。

即便哭闹个不停，若是听到好听的声音，也会立即停止哭泣，这是因为孩子进入了听觉敏感期。孩子刚出生时，听觉能力就存在了，不过只能分辨出安静和吵闹。几个月后，他的听觉器官得到发育，能听清一些清晰的声音，渴望有声的世界。

3个月到4个月的孩子，不仅喜欢听声音，还喜欢寻找声音的来源。只要听到有声音响起，就会到处去寻找，若是让他找到了，就会专注地听起来。这个时候，孩子还喜欢悦耳的声音。

一位同事刚做了妈妈，一天在朋友圈发文：这几天孩子喝几口奶，便开始哭闹，只好抱着她在客厅里走来走去，可这个方法一点都没用。同时，她还发了几个哭泣、抓狂的表情。

我知道同事没有带娃经验，也不知道听觉敏感期，于是便给她打了一个

电话，建议她给孩子准备些有声玩具试一试。当天晚上，同事便回了电话，说："真的很有效！我让家人拿来小摇铃，在她面前轻轻摇晃了几下，孩子很快就被声音吸引了，止住了哭声，小眼睛盯着摇铃。"

之后，只要孩子一哭闹，同事就会拿出小摇铃，而她发现每次孩子都专注地听着、看着。而且她还发现，孩子好像很爱"听"电视、手机，只要电视、手机有响声，她就很安静、很乖巧。

事实上，在听觉敏感期，孩子不仅容易被各种声音吸引，能够专注地寻找、聆听，而且还进入了一个名副其实的能力"开挂"时期。家长若是能尽早培养孩子的听觉能力，对于发展语言能力、认知外部世界的能力都能起到非常重要的作用。

那如何训练和培养孩子的听觉能力，让孩子顺利度过听觉敏感期呢？在这一点上，我的一位朋友就做得非常好。这位朋友是一位幼儿园老师，对孩子教育有很好的认知，去年生了一个可爱的小女孩菲菲，现在已经8个月大了。

菲菲进入听觉敏感期后，朋友便有意识地训练她的听力，经常让菲菲和自己面对面，让她看着自己的脸，然后轻轻喊她的名字。一边喊菲菲名字，朋友还一边摇头，或是故意远离她。这时菲菲也会高兴地跟着摇头，凑近妈妈的脸，好像和妈妈做游戏一样。

朋友还给菲菲买了很多有响声的玩具，比如摇铃、拨浪鼓、音乐盒，让菲菲自己抓着玩，或是陪着菲菲一起玩。朋友有时会拿着摇铃，放在离孩子半米的位置，一边摇一边缓慢地移动。开始菲菲听音的能力不算好，好久才能找到摇铃，可慢慢地，她找到摇铃的时间就越来越短，视线还会随着响声移动。

让菲菲自己玩摇铃时，朋友还会注意给玩具消毒，以便让菲菲啃咬，满足她口欲敏感期的需求。同时，朋友会选择颜色亮丽的玩具，为菲菲营造不一样的视觉刺激，激发她对色彩的认知。

现在，朋友还会让菲菲听一些轻快、优美的音乐，一边听音乐一边扶着菲菲随着音乐摆动手臂，或是摇动身体。每次菲菲都非常高兴，即便没有妈妈帮助，自己也会手舞足蹈，心情异常愉悦。睡觉时，朋友还会给菲菲唱儿歌、播放摇篮曲等。

当然，对于孩子来说，最动听的、听得最开心的声音还是妈妈的声音。因为孩子是听着妈妈的声音长大的，尤其是在妈妈肚子里时，是听着妈妈的心跳和声音成长的。所以朋友每天都会和菲菲说话，不管是喂奶、换尿布还是洗澡、做游戏，都会温柔地和菲菲交流。"菲菲，我们喝奶奶喽！""菲菲是不是又拉臭臭啦？呀，真的好臭哦，妈妈帮你换尿布，好不好？""菲菲，这个小摇铃可爱不，声音好听不……"在这种交流中，菲菲只要听到妈妈的声音就安心，同时会感到高兴和满足。

不得不说，朋友真的是一位很称职的家长，在孩子听觉敏感期，耐心地培养和训练孩子的听觉能力，帮助孩子顺利度过听觉敏感期。正因为如此，菲菲得到健康成长，听觉反应敏感，对各种声音都有很好的认知。同时，孩子的大脑得到很好的发育。

所以，每当有家长向我咨询如何帮助孩子度过听觉敏感期时，我就会讲这位朋友的经验，让她们向这位朋友学习——多为孩子准备有声玩具，多让孩子听音乐，促进孩子对声音的感知能力。

同时，家长们还需要注意的是，不管是让孩子自己玩，还是家长给孩子做出响声来，都不能发出恐怖、吓人的声音，而应该选择动听、悦耳、柔和的声音。否则不仅会让孩子害怕，还可能影响听觉能力发展，给孩子的成长带来不利影响。

故意制造噪音，训练孩子音源捕捉力

之前一位新妈妈向我咨询：宝宝刚3个月，胖嘟嘟的非常可爱。可只有自己家人知道，这小祖宗并不好带，是个十足的"磨人精"。宝宝刚出生时，一家人高兴得不得了，做什么事情都小心翼翼的。听说孩子一天需要睡十五六个小时，于是一家人为了保证宝宝的睡眠质量，就尽量保持安静，从不敢大声说话。

开始还算好，宝宝吃得好睡得好，可3个月后，小家伙就闹腾起来了。睡觉时，大人不能发出一点声音，只要有一点声音，宝宝就会惊醒，然后哭闹个不停。于是，一家人做什么都是蹑手蹑脚的，还演起了"默剧"，恨不得用手语来交流，手机也调成了静音。

可是这个方法没什么效果，宝宝对声音越来越敏感。即便不是睡觉时，也容易被声响吓到，然后大声地哭闹。这位新妈妈和家人感到很奇怪和无奈，怀疑孩子是不是有问题。为什么环境如此安静了，孩子还不容易入睡，还容易被惊醒？

其实我想说，问题就在于家里太安静了。极度安静的环境，造就了一个反效果。

不少家长和这位新妈妈家人一样，认为小宝宝怕吵，应该给孩子营造一个安静的环境，尤其是宝宝睡觉时，会关掉电视、手机，说话悄声悄语，做事也蹑手蹑脚。可要知道，这样对孩子成长没有什么好处。时间长了，宝宝在睡觉时就会非常敏感，一有响声就会惊醒，即便是很细微的声音。

因为孩子到了五六个月后，随着听觉器官的发育和成熟，有了超强的听力，可以听到细微的声音，然后进入一个噪音敏感期。这个阶段，孩子对声音非常敏感，可没有过滤噪音的能力，很容易被各种声音干扰，受到惊吓或焦躁不安，产生恐惧心理。若是始终让孩子生活在过于安静的环境中，孩子的听觉能力就会逐渐减退，语言能力、运动能力以及智力发展就会受到影响。

所以，家长不要刻意为孩子营造一个过于安静的环境，除了日常正常活动，如走路、开关门、说话、洗洗刷刷，还应该故意制造一些噪音，比如打开电视机、调大手机的声音，或是带孩子听听外面的汽笛声、公园的吵闹声等。所有这些来自生活环境的声音都是对孩子非常有益的刺激。让孩子有机会听到这些声音，接受外界噪音的刺激，可以帮助孩子顺利度过噪音敏感期。同时，孩子听到的声音越丰富，听觉能力也就越丰富，听觉敏锐力越强，大脑就越发达。

或许有些家长会提出疑问：孩子害怕噪音，又喜欢噪音，这看上去不矛盾吗？确实有些矛盾。但是在噪音敏感期，孩子就是喜欢这样的世界。简单来说，孩子喜欢安静的环境，可如果环境过于安静了，他就不高兴了。孩子对噪音敏感，容易受到噪音的惊吓，然而家长若是能适当制造一些噪音，他就不会不安地哭泣。同时，这样的环境更有利于孩子听觉能力的发展，促进孩子的智力和心理发展。

对于那位新妈妈的烦恼，我给予了这样的建议：当孩子睡觉不安稳，时常因为说话声、电话声、走路声而惊醒时，不妨在家里故意制造一些噪音。

我建议她告诉家人，说话、走路、做事不要小心翼翼，而是保持正常的活动，制造正常的声响。开始，孩子还是会被惊醒、会哭泣，可几天后，情况就会有所好转。之后，她可以尝试在孩子睡觉前打开电视机，放一些儿歌和音乐。等到孩子再次适应后，把电视声音调大些，然后多让孩子听切菜声、水流声等。

很快，这位妈妈给我反馈：孩子不仅不再对这些声音害怕，还产生了浓厚的兴趣。电视、手机发出声响时，孩子会专心地听，还会寻找声音的来源。

所以说，家长应该为孩子营造一个声音丰富的世界，而不是让孩子生活在极度安静的环境中。选择性地让孩子听一些噪音，帮助孩子提升听觉能力、度过噪音敏感期，对孩子的成才是非常有益的。

不过在这个过程中，家长一定要注意度的问题，不能一下就让孩子听特别大的、嘈杂的声音，这会让孩子更加恐惧、不安，还可能导致听觉能力受损。一开始，让孩子听听水流声、洗洗刷刷的声音、适度的电视声，然后带孩子到公园去逛一逛，再到嘈杂的菜市场逛逛，等等。遵循循序渐进的原则，一步步地让孩子接受外界噪音的刺激，如此才能帮助孩子锻炼抗噪音的能力，让孩子不再对噪音过于敏感。

同时，掌握训练的尺度也是一个重要问题。若是孩子听噪音时，开始变得焦躁不安，或是哭闹，那么家长应立即带孩子离开，而不是强行训练。

口欲敏感期，别阻止孩子实现味觉和触觉的认知

　　几乎所有父母都遇到过一个令人头疼的问题，就是孩子喜欢胡乱吃东西，几个月大时喜欢把手指塞到嘴巴里，然后津津有味地吃个不停。稍大一些，孩子抓到什么就吃什么，不管这些东西能不能吃、干净不干净，包括奶瓶、玩具、鞋子、纸张、桌子角……只要是他能碰到的东西，就会毫不犹豫地往嘴里塞，或是趴下来一顿"啃"。

　　再大一些，孩子开始抢着吃东西，在饭桌上抢食物，米饭、面条、肉类、饮料，甚至是辣椒。家长担心孩子咀嚼不了，不能消化，或是被辣到，可孩子却不管这一套，拿起食物就往嘴里搁，吃到酸的、辣的就立即吐出来，遇到咬不烂的就嚼两下再吐出来。

　　这就是孩子的口欲敏感期到了。0到2岁期间，是这个敏感期的关键阶段，孩子的注意力都会放在口的开发和使用上。这个时候，孩子还不能灵活地控制手和脚，于是便通过口来唤醒自己的身体，来认识自身之外的各种事物和整个世界。6个月到1岁左右这个时间，孩子总是喜欢吃手指，从最初笨拙地吸吮整个拳头，发展到可以灵活地吸吮一个手指。1岁之后，孩子开始尝试吃其他东西，目的是满足心理需求。我们会看到他拿着一些食物或玩具，吃了玩，玩了吃，其实这就是孩子自己在玩。而随着其他敏感期的到

来，这种通过口来认识世界的方式自然就消失了。

所以，在口欲敏感期，吃手或其他东西是对孩子有好处的。家长千万不要大惊小怪，也不要干涉和阻止。只要注意卫生，给孩子勤洗手，把玩具、孩子时常吃的东西勤消毒就可以了。同时，家长应该让孩子适当地品尝各种味道，酸的、甜的、苦的，以便刺激孩子味觉神经更好地发展。

可遗憾的是，我发现很多家长都容易大惊小怪，不分青红皂白地阻止孩子"乱吃"。然而，他们不知道的是，这很容易让孩子产生挫败感、不安感、失落感，导致孩子情绪失控。更为严重的是，过分的干涉会给孩子成长带来不良影响，影响他对世界的正确认知，影响孩子味觉和触觉的充分发展。

我有一位做儿童医生的朋友，她遇到的类似家长有很多。一次，这位医生朋友和我分享了一个故事：

一位叫畅畅的男孩由妈妈带着来咨询，这位妈妈说畅畅总是喜欢胡乱吃东西，看到什么都往嘴里塞。在家里还好，妈妈会及时给玩具、物品消毒，可到室外活动时就没那么好控制了。一个不注意，畅畅便拿起小石头放进嘴里。又一个不注意，他又拔下一根草塞到嘴里。

畅畅妈妈担心卫生问题，更担心畅畅不小心噎到，于是总是及时阻止他，扔掉他手里的东西。可是，每次畅畅都像被惹到似的，大声哭闹好半天，搞得她不知道怎么办才好。

为了解决问题，畅畅妈妈只好来咨询医生。这位医生朋友听了她的讲述，笑着说："不必担心，这是因为宝宝的口欲敏感期到了。在这种情况下，家长不应该强硬地阻止，而是应该稍微支持一下，让他尽情地吸吮，这对孩子成才有很多帮助。"

可畅畅妈妈依旧很担心，尽管她明白医生说的道理是对的，却总是做不到支持。畅畅把玩具放进嘴里，她立即抢过来，然后丢到一边，孩子痛苦得又哭又喊，她也绝不妥协；饭桌上，畅畅想拿食物吃，她就把盘子、碗筷拿得远远的，孩子懊恼地"哼哼"着，她也绝不给孩子品尝。

一次、两次、三次……畅畅的口欲敏感期延续了很久，妈妈越是阻止，畅畅越是想吃、想吸吮，情绪就越容易烦躁、不安，有时睡梦中都会哭闹。同时，畅畅出现了食欲不振的情况，不爱喝奶，不爱吃辅食。直到这时，畅畅妈妈才再次带他看医生，希望能更好地解决问题。

口欲敏感期，孩子喜欢吃手啃脚、吃玩具、啃桌子，这都是正常的现象。不要阻止孩子用嘴巴感知世界，不要阻止孩子发展味觉和触觉，我们需要做的就是把孩子手脚洗干净，把玩具等物品消毒。若是在外面，孩子想把石头、树叶放进嘴里，我们应该巧妙地转移孩子的注意力。家长过分干预孩子，无法满足孩子的口欲期需求，就可能给孩子带来伤害，让孩子无法健康地成长。

当然，若是家长发现孩子的口欲敏感期延长了，到3岁左右还在吸吮手指头，就应该及时干预了。这是一种不良的生活习惯，若是家长不能及时加以引导，就会影响孩子面部美观，影响牙齿的正常生长，也容易引发口腔问题。更为重要的是，孩子的心理健康也会受到影响。

家长可以多和孩子做手指游戏，适度减少其吸吮手指的机会，还应该多陪伴孩子，给予孩子更多关怀。比如多陪孩子唱儿歌、玩积木，多陪孩子到室外活动，比如在公园玩游戏、散步、骑车等。这样一来，孩子可以接受多种事物的刺激，有了更多的兴趣和情感寄托，就不会再把关注点放在吮吸手指上。

不管是口欲期的吃手、吸吮玩具，还是后来的抢食物，其实都是孩子想要自我满足的一种表现。作为家长，我们不应该大惊小怪，不应该过分干预，而是应该给予正确、及时的引导，给予爱和温暖。这才是我们应尽的责任，也是促进孩子健康成长的关键。

孩子咬人——他是在探索世界呢

相信很多家长都碰到过这样的情况，不知道从什么时候起自家孩子爱咬人了，与小朋友玩，一不注意就咬了人家。和妈妈做游戏，不知道什么原因又要咬妈妈。而且，最气人的是，若是妈妈批评制止他，他反而会哭泣、闹情绪，好像自己受了什么委屈似的。这种情况让很多家长感到无奈，不知道怎么处理。

记得我家孩子4岁半时，带他到姑姑家玩，姑姑家有一个小表妹苗苗，当时刚刚2岁半，两个小朋友见面之后就在一起玩玩具。开始两人还玩得很和谐，可不一会儿，孩子便哭着来找我。原来，小表妹苗苗突然就咬了他一口，只见孩子手上有一排明显的牙印，看样子被咬得不轻。

我当时很心疼，可知道小表妹不是故意的，便安慰说："妹妹不是故意的，我们原谅她好不好？"可孩子姑姑却感到很头疼，说小表妹并不是第一次咬人，前几天把一起玩的小伙伴咬哭了，昨天还咬了爸爸。

孩子姑姑无奈地说："这孩子一向很乖巧，也没有什么冒犯行为，为什么会不停地咬人呢？我实在想不通，孩子为什么会出现这样的行为？"

其实孩子咬人并非故意，也没有什么恶意。绝大多数孩子在2到3岁期间都会出现咬人的情况，若是咬不到人时就会咬床单、被子、衣服等。家长不要认为孩子学坏了，故意用咬人来攻击别人。

这是口欲敏感期的一种延续，是孩子用口和牙齿探索世界的一种表现。我前面已经说过，孩子最开始是用口来感知世界的，感知事物、认识事物时会不断地练习使用舌头、口。而到了长牙阶段，孩子会用牙齿代替舌头、口，继续探索和认知事物。同时，孩子的牙齿会痒、不舒服，于是他便会用啃咬来缓解这种生理上的不适。

家长们千万不能一看到孩子咬人就不分青红皂白地训斥、打骂，更不能威胁孩子说，"你要是再咬人，我就打你，然后把你的牙齿拔掉！"

小表妹每次咬人，孩子姑姑都会严厉地批评，甚至用手打孩子的嘴巴。这一次，苗苗咬了我家孩子，姑姑也立即生起气来，大声威胁道："你要是再咬人，我就把你的牙齿拔掉！"看着原本笑呵呵的妈妈突然间变得凶巴巴的，小表妹一下子就被吓坏了，"哇哇哇"地大哭起来，一整天都蔫蔫的，高兴不起来。

这是因为孩子还小，没有完全的自控能力，她或许是口欲敏感没有得到满足，或是内心需求没得到满足，为了发泄情绪才咬了人。结果，妈妈不仅不了解这些，还突然摆出凶巴巴的表情，严厉地训斥。这种巨大的转变，让孩子无所适从，缺乏安全感，以至于情绪失控，心理也受到了不良影响。

为此，我好好地和孩子姑姑进行了沟通，和她讲解了孩子咬人背后的原因，建议她改变不当的教育方式。在这里，我也劝诫各位家长一定要引以为戒，当孩子不是恶意咬人时，不要训斥或打孩子，而是应该给予正确的引导。可以这样和孩子说："不要咬人哦！哥哥会痛，会生气！""这是不对的行为，不是乖宝宝的表现。"还可以把别人被咬的地方给孩子看，激发他的同情心和爱心。

同时，家长要满足孩子口腔味觉和触觉的发展需求，给他一些软硬不同的食物，或是准备一些磨牙饼干等有滋味的东西，这样，孩子就不会轻易咬人了。不要担心孩子嚼不烂或万一卡住了怎么办。事实上，孩子的咀嚼能力是非常强的，如果嚼不动的话，他会嚼了再吐出来。如果不小心卡住了，他也会进行自我调节。只要家长多加注意，不让孩子把小玩具、小石头等塞进嘴里卡住喉咙就好了。

其实，除了孩子口欲敏感期的延迟，孩子咬人还有一个重要原因，那就是孩子的社交能力不足。因为社交能力不足，不能更好地表达自己的想法和情绪，孩子可能就会用咬人的方式来表达，或是发泄不满，或是缓解紧张的情绪。这个时候，家长应该提高孩子的语言表达能力，引导孩子适当表达情绪。

值得注意的是，不管孩子咬人是出于何种原因，家长都不能置之不理，否则孩子就会养成胡乱咬人的坏习惯，直到五六岁都改变不了。而这样的后果是非常严重的，会让孩子成为惹人讨厌的"坏孩子"。

合理引导的同时，让孩子尽情用口、牙齿去探索世界吧！探索可以让孩子的心理得到最大满足，顺利度过一个敏感期，走上一个全新的发展台阶。

第三章

语言组织敏感期：
重点培养孩子的高情商表达力

　　孩子开始咿咿呀呀地学着大人说话，就开始了他的语言敏感期，并且会持续到6岁左右。这个阶段，家长要经常和孩子交流，给孩子唱儿歌、讲故事。同时引导他更好地与人沟通，这样孩子才能提高语言组织能力，从而高情商地表达。让我们耐心地给予孩子引导，静待花开吧！

好父母不会觉得孩子"太吵了"

如果你家孩子变成"小话痨"，你会怎么办？是听他喋喋不休地说下去，给予及时回应，还是嫌弃他太烦，凶他"不要吵了"？

不知道你发现没有，生活中很多家长属于后者，他们愿意花时间看电视，愿意听别人吐槽，可从来不愿意听孩子说话。对孩子的表达，除了敷衍，就是不耐烦。很显然，这是错误的行为。好的父母，不会觉得孩子吵，更不会觉得孩子爱说话就是"熊"。

轩轩今年4岁了，妈妈总是抱怨孩子太吵了。"这熊孩子就是一个小话痨，整天说个不停。""他太能说了，我都不知道小小的孩子怎么这么多话！"于是，每当轩轩频繁说话时，妈妈不是敷衍着"嗯嗯，知道了""是，是，你说得对"，就是不耐烦地打断，"求求你了，咱嘴巴能休息会吗""你怎么话这么多，真是一个话痨"。

一个周末，妈妈准备带轩轩去游乐场玩，小家伙听了之后很高兴，一大早上就围着妈妈说了起来。"妈妈，我们是要去游乐场吗？""妈妈，游乐场有什么好玩的吗？"

妈妈不经意地回答着，并且告诉轩轩说，我们先吃早饭，然后准备一下再出发。这一下，轩轩更是打开了话匣子。"妈妈，你快点准备早饭，我们吃完饭马上出发。""妈妈，我们都需要准备什么东西？""妈妈，你给我准备衣服了吗？"

轩轩妈妈被惹烦了，大声说道："哎呀，你怎么这么多话！要是再说一句，我就不带你去游乐场了！"轩轩见妈妈生气了，委屈地噘着小嘴，默默地坐在桌子旁等着吃饭。其间，轩轩几次张嘴，明显是想说些什么，可看了看妈妈还是憋住了。

还有一次，轩轩妈妈带着轩轩参加同学聚会，有一位同学也带着孩子，是一个可爱文静的女孩。吃饭的时候，轩轩一直说个不停。"妈妈，我要吃这个，我要吃那个。""妈妈，这个是什么东西？为什么这么好吃？""妈妈，这里很好，我们以后还来，好吗？"而小女孩则安安静静地吃饭，基本没说几句话。

等轩轩再次说话时，轩轩妈妈烦躁地说："哎呀，你个小话痨，能不能消停会儿！你看看人家妹妹，多安静、多懂事！"听了妈妈的话，轩轩安静了下来，可满脸都是委屈。他不知道为什么妈妈不让自己说话，不知道妈妈为什么会生气。类似的事件发生几次后，轩轩不再是"小话痨"了，可也不再活泼、自信了，整天都蔫巴巴的。

好父母，不会觉得孩子吵，更不会因为孩子"话痨"就轻易训斥。若是家长把孩子爱说话、爱表达当作是"话痨"，认定是"熊孩子"的一种表现，那就会害了孩子，不利于孩子语言能力、智力以及情商的发展。

四五岁的孩子，爱说话、变成"小话痨"是正常的现象，因为他已经进入了语言敏感期。在这个过程中，孩子语言能力快速发展，并且会模仿大人说话，思考各种问题，从而进入一种有强烈表达欲的阶段。他会急于表达自己的想法，遇到什么问题喜欢刨根问底，还会兴奋地自言自语。

这时，家长应该多倾听孩子说话，鼓励孩子表达自己，而不是嫌孩子烦，严厉地训斥他。家长还应该及时有效地回应孩子的提问，而不是随意地敷衍。如此一来，孩子才能保持对语言的兴趣，更愿意去表达，并且能更好地去表达，进而提升语言组织和表达能力。

同时，在语言敏感期，爱说话的孩子，往往要比不爱说话的孩子更聪明，情商更高。受到家长训练和鼓励的孩子，往往要比受到家长压迫和限制的孩子更善于表达，心理更健康。儿童心理学专家曾表明：儿童成长时期，语言能力培养就是大脑功能发育的催化剂。擅于表达的孩子要比沉默寡言的孩子发育更迅速，能更高效地表达自己的思想，理解别人的话。不管是日常生活还是将来学习，前者都更优秀，走得更快。

朋友的孩子明明3岁左右了，朋友说他已经进入语言敏感期了。早上一醒来，他就会和爸爸妈妈说个不停，缠着妈妈问东问西，有时还会自言自语。朋友知道，这是到了锻炼孩子语言能力的关键期，于是便开始有意识地引导，提高和孩子交流的频率。

做饭时，明明会问："妈妈，我们今天吃什么？"朋友会笑着说："你喜欢吃什么呀？"明明痛快地回答："我喜欢吃肉肉。"朋友会问："为什么喜欢吃肉肉？"明明："肉肉香！"朋友："对，肉肉香喷喷的，而且有营养，对不对？不过，明明也要吃蔬菜哦！蔬菜也有营养。"

做游戏时，明明会问："妈妈，为什么这个会发出声音？"朋友会反问："你知道为什么吗？"明明说："因为它里面有东西，好像是小石头。"朋友发现孩子开始思考，便给予鼓励："对，明明真聪明！"

上幼儿园后，朋友会鼓励明明积极发言，回答老师的问题，有不懂的地方就提问。所以，明明成为一个积极踊跃、爱表达自己的小孩。在朋友的引导和鼓励下，明明比同龄人的语言表达能力更优秀，社交能力也很强。

所以，作为爱孩子的家长，我们应该让孩子尽情地表达自己，多花时间与孩子交流，并引导和帮助孩子提升语言表达能力。当我们这样做了之后，就会发现孩子越来越会表达了，越来越乐观、自信了。同时，孩子的思维能力、逻辑能力也得到充足的发展，在将来的生活、学习中都会远远超过他人。

耐心引导，纠正孩子对人、事、物的称呼

孩子学会说话，是家长最高兴的时候，听着孩子萌萌的声音，叫着妈妈爸爸，心简直都萌化了。不过，在孩子1到2岁期间，虽然他已经认识很多事物，却因为语言发展不健全，很难发音准确。

指着哥哥，开心地叫着"可可"；看到汽车，又高兴地说"车车"。很多家长觉得孩子的萌言萌语很有趣，便也学着孩子说了起来，还觉得这不是什么大问题，等孩子长大了，自然就说清楚了。

可这些家长不清楚的是，孩子的发音不清楚，对人、事、物的称呼不准确，若是放任不管的话，那么有些孩子的语言发展就会变得缓慢，还可能形成一定的语言障碍。随着孩子的长大，对发音习惯、口语水平都有很大的影响。

我前面提到的那位医生朋友遇到这样一个孩子，名叫悦宝，已经3岁了，说话还是带很多单音节的词汇，在幼儿园，小朋友和老师很难听懂她说话。悦宝妈妈怀疑孩子存在语言障碍，着急地来找医生咨询。

经过了解之后，医生朋友找到了导致这个结果的原因。悦宝到1岁半时，已经认识了很多东西，而且还愿意表达自己。可这个时候，因为她只会发出单音节，看到汽车就会高兴地说"车车"，想要喝水就会说"水

水""喝喝"。悦宝妈妈觉得孩子这样发音是正常的，毕竟年龄还小，很难发出多音节，很难发音准确。

可是，悦宝妈妈并没有及时教孩子正确的词汇，反而在平时与悦宝交流时，也刻意学孩子说话。"宝宝，我们喝水水吧！""宝宝，来吃个果果（苹果）。"教悦宝认识一些生活中的常见物品时，则会这样说，"宝宝，这是杯杯（水杯）""宝宝，这是电电（电话）"。

很显然，悦宝妈妈的做法是不当的。或许她是为了激起孩子的说话兴趣，或是为了让孩子能听得懂，但是这样的将错就错，很容易让孩子陷入误区，对孩子语言发展没有任何帮助。

孩子年龄小，说话不清晰，只能说单音节，这是正常现象。可若是家长不及时引导，教孩子正确的读音，那就会影响孩子的语言表达，更不利于孩子的智力发展和对事物的认知。孩子是一张白纸，你给他输入什么，他就直接吸收什么。你输入错误的发音和词汇信息，那么他就只能接收错误的发音和词汇信息。

蒙台梭利曾经指出，0到6岁是孩子语言发育的敏感期，而3岁之前是语言接受敏感期，不论是好的信息还是不好的信息，孩子都会直接接收。时间长了，这种记忆形成一种思维和观念，那就很难改变了。

所以，我奉劝所有的家长，千万不要觉得好玩就学孩子说话，也不要错误地认为孩子发音不准没什么大不了的。从孩子准备开口说话时，就要给予正确的训练和引导，他才能具有更好的语言能力和表达能力。

在0到3岁这个关键阶段，家长想要培养孩子的语言能力，就应该准备好大量的词汇，把生活中人、事、物的正确称呼，以及日常交流的正确用语或礼貌用语输入给孩子。如此一来，孩子才能接触到更丰富、更准确的语言，更好地积累，然后输出、表达。

同样是3岁左右的孩子，邻居家的孩子萱萱语言能力就比悦宝好很多，是一个能说会道的小美女。当然，这离不开萱萱妈妈的引导和培养。这位邻居时常对我说："教孩子是要有耐心的，也是讲究方法的。我真的不理解，为什么有的家长会采取错的方式。"

1岁多的时候，萱萱说话也不标准，叫不出很多东西的名字。妈妈总是能耐心地与她交流，把日常生活的每一个片段都当作教孩子的绝佳机会。比如，喂萱萱吃饭，妈妈会指着食物说："宝宝，这是胡萝卜，红红的，很好吃哦！""宝宝，这是羊肉汤，用羊肉和萝卜做的，这是羊肉，这是萝卜，小心烫哦！"

再比如，带萱萱外出，妈妈也会教孩子认识一些事物。"宝宝，这是汽车，汽车、汽车滴滴滴……""这是大楼，又高又大。"

妈妈还时常和萱萱玩"认五官"的游戏，指着自己的嘴巴说："这是嘴巴，妈妈的嘴巴""这是鼻子，妈妈的鼻子"。然后，再指着萱萱的嘴巴和鼻子，说："这是嘴巴，萱萱的嘴巴""这是鼻子，萱萱的鼻子"。等到萱萱认识五官后，妈妈则会提问，让萱萱指出自己和妈妈的某个器官。"宝宝，哪一个是鼻子，妈妈的鼻子在哪里？""哪一个是嘴巴，萱萱的嘴巴在哪里？"

萱萱偶尔也会发错音，把爸爸叫成"大大"，妈妈不会笑，也不会学，而是在平时多纠正和引导，和萱萱说"宝宝，爸爸在哪里""宝宝，帮妈妈叫爸爸吃饭"。萱萱也会说单音节的词语，这个时候妈妈就会强调准确读音，多次重复这个词。比如，萱萱说不好"皮球""牙刷"等词汇，妈妈就会和她玩"造句"游戏。拿出一个皮球，一边拍一边说："宝宝，这是一个皮球，圆圆的。我们来玩皮球。"

就是因为萱萱妈妈的耐心和用心，萱萱口语表达非常棒，还掌握了很丰富的词汇，超过了其他同龄小朋友。

所以，在语言敏感期，想要孩子表达力强、语言组织能力强，最简单的办法就是把词汇输入给他，注意发音的准确性，然后让他正确地模仿。当然，这也是最有效的方法。

不过需要注意的是，在引导和纠正孩子时，家长不要太严苛，孩子一说错就指出他这也不对，那也不对；更不要因为孩子发音不准确而发火，批评或打骂。这样只会让孩子不敢大胆说话，产生巨大的心理压力或恐惧感，从而导致语言发育迟缓。

另外，我很反对有些家长强迫孩子表达，非要让他在人前"表演说话"，或是让他礼貌地打招呼。每当有人让我家孩子表演唱歌时，我都会替孩子拒绝。每当有朋友催促孩子叫我阿姨，我都会打圆场。因为这种强迫，对孩子来说都是一种伤害，让孩子更不愿意开口。

孩子一直问"为什么"，爸妈怎么招架

很多时候，大人觉得很平常、自然存在的现象，在孩子眼中就成了新奇无比、不可理解的大事。于是，孩子会不断发问："小鸟为什么会飞，我为什么不会飞？""天空为什么是蓝色，白云为什么不会掉下来？""小狗为什么汪汪汪叫，为什么要在树边撒尿？""我没生病，为什么总是要打针（预防针）？"

面对孩子们一个又一个"为什么"，很多家长开始还能耐心地回答，"因为小鸟有翅膀，你没有翅膀""因为太阳光在大气中发生了散射；因为云是水蒸气汇集而成，当大量水气聚集在一起，就形成了白色、不透明的云"，可慢慢地，家长开始招架不住了，开始敷衍，"因为本来就是如此，没有为什么"，甚至开始不耐烦，"你哪有这么多为什么？""快点吃饭/走路，不要老问这些无聊的问题！"

看看下面的情景，你熟悉不熟悉？

浩浩是一个3岁半的男孩，正处于爱问"为什么"的阶段，而且总是喜欢一问到底，这让妈妈感到很无奈。

一次，妈妈正在做饭，浩浩跑过来，开始了提问模式。

浩浩：妈妈，你在做什么？

妈妈：我正在择蔬菜。

浩浩：为什么要择蔬菜？

妈妈：因为妈妈要给你做饭，我们要吃饭了。

浩浩：为什么要给我做饭？

妈妈：因为不吃饭就会肚子饿。

浩浩：为什么肚子会饿？

面对浩浩一个一个的"为什么"，妈妈确实很无奈，因为有些问题她也回答不上来。妈妈开始有些烦躁，最后生气地对浩浩说："你这孩子怎么这么多为什么，一边儿玩去，不要耽误妈妈做饭。"

浩浩不明白妈妈为什么突然生气，可又不敢继续问，只能委屈地离开，眼里含着泪花。类似的情况多了，浩浩就不敢继续问"为什么"了，而且话也少了很多。

浩浩虽然只有3岁半，可是能感受到妈妈对他的态度。他知道妈妈不喜欢自己总是不断提问，所以即便内心有很多问题和不解，还是忍住了，不再说出来。而正是因为妈妈的不以为然和不耐烦，让浩浩逐渐失去了提问的热情，也渐渐失去了好奇心、求知欲。

孩子的成长离不开思考，问"为什么"就是因为孩子对这个世界好奇，是想要表达自己的表现。其实，孩子从小就会对自己看到的人或物感到好奇，只是因为语言能力欠缺不能表达而已。到了3岁以后，孩子进入语言组织敏感期，有了一定的语言表达能力，便会不断地问"为什么"，就好像一个活动的"十万个为什么"。他不再满足于自己看到的，想通过提问来对这个世界有更深的了解和探索。

换一个角度来说，喜欢问"为什么"的孩子，他的头脑是聪明的，是爱思考的，更是对这个世界充满了好奇的。家长的解答，可以满足孩子的好奇心，并且能锻炼他的思考能力。同时，喜欢问"为什么"的孩子有强烈的表现欲和表达欲望，家长的耐心、细心的回答也鼓励了孩子进行更大胆、更多方面的表达，使孩子的语言表达和组织能力得到锻炼。

我想说的是，孩子不断地问"为什么"，总是问很多奇葩问题，这看似是一个很麻烦的事情，可事实上，这正是一个好现象。孩子正在开启一个新技能，正进入一个新的成长阶段。正因为如此，无论孩子的提问多么简单、好笑，或难以回答，家长都应该好好地给出一个答案，并且鼓励他多思考、多提问。

同时，在与孩子的互动中，家长要尽量从孩子的角度出发，给出简单明了的信息。因为说得多了或太复杂了，孩子就很难理解。当孩子问"××为什么是这样"时，家长可以暂时不给出答案，然后进行反问，激发孩子的想象力和语言能力。最后，家长再根据孩子的理解能力，给出及时、正确、认真的回答。

一天，一个闺密带着孩子亮亮到我家玩，孩子一进门就看到鱼缸里的鱼，然后专注地观察起来。一会儿，亮亮好奇地问："妈妈，鱼为什么一直游啊游？它们不会累吗？它们会不会睡觉啊？"

闺密回答说："鱼不是一直游，它也会休息的。等你不注意的时候，它就会待在假山或玻璃缸边休息。"

亮亮又问："那鱼怎么睡觉？和我们一样，躺着睡觉吗？"

闺密说："鱼不会躺着睡觉，你看它在边上一动不动时，就是在睡觉。"

亮亮又问："妈妈，鱼会闭眼睛吗？我听爸爸说，鱼睡觉不会闭眼，为什么？"

闺密继续解释说："嗯，鱼不会闭眼。因为鱼没有眼睑。"

"那鱼为什么没有眼睑？"亮亮的提问一个又一个。

闺密则耐心地回答说："因为鱼生活在水中，不需要眨眼，也没异物进入水中。"听了闺密的回答，亮亮好像有些不太理解，这时闺密笑着说：

"你还小，可能不太理解这些。不过我们不用着急，等你再大一些，妈妈再给你解释，好吗？你很聪明，也很爱提问，妈妈相信你很快就会明白。"亮亮听了闺密的话，笑着答应了。

在孩子眼里，所有东西都是新奇的，虽然他们年纪不大，但喜欢思考，提问并非心血来潮。家长的态度决定了孩子是否思维更活跃，想象力更丰富，语言表达力更强。作为家长，我们应该保护孩子，重视孩子新技能的发展，而不是攻击他或打击他。这是送给孩子最好的成长礼物。

同时，家长一定要懂得倾听，放下手中的工作，认真对待孩子的提问，并且给予孩子正确科学的答案，这也是促进亲子关系的关键，让家长更轻松地走进孩子的内心。

这个世界真的很大、很奇妙，小小的孩子总是在成长，给孩子的提问一个满意的答案，提升孩子的思考能力、语言能力，有利于孩子更好地体会父母的爱。

让孩子学着接电话，刻意训练他对语言的组织与表达

很多家长都重视孩子语言能力的培养，想抓住语言敏感期这一关键时期，提升孩子的语言组织和表达能力。可想法是有了，如何付诸行动呢？采用什么方法效果更佳呢？

我认为让孩子学着接电话就是不错的方法。对于2到4岁的孩子来说，电话发出的声音简直太奇妙了，听着声音从这个奇怪的"玩具"中发出来，他会兴奋不已，并产生极大的兴趣。这个时候，家长适当地让孩子学着接电话，与人进行简单的沟通，就可以极大地锻炼孩子的听觉能力和语言组织表达能力。

记得我家孩子2岁半的时候，就开始对电话产生了兴趣。我和孩子爸爸打电话，孩子就会在一旁观察，好奇地听着。后来，他还会凑过头来，学着我的样子和口气与爸爸说话。"是啊，你要回来啦！""早点回来啊！"惹得爸爸哈哈大笑。

一次，为了满足孩子的好奇心，我让他接听了爸爸的电话，并且在一旁教他询问爸爸是否能按时回家。这一次奇妙的电话探索经历，让孩子爱上了接听电话的游戏。只要是我或是爸爸的电话响起，他就会跑过去，抢着接听。"喂，你是谁啊！你有什么事情吗？""我是某某。""妈妈不在，

再见！"

之后，我开始教孩子如何拨打电话，如何识别拨号音、忙音，还鼓励他时常给爷爷奶奶打电话。给爷爷奶奶打电话时，教他说："我是某某，我要找奶奶。""奶奶好，我想你了！"然后教孩子如何问候爷爷奶奶，如何和爷爷奶奶聊天。

在不断的引导和训练下，孩子的语言表达能力有了很大提升，也算是一个能说会道的孩子。而且，孩子更懂礼貌了，见到邻居的叔叔阿姨、爷爷奶奶，总是能高兴地打招呼。

所以，想让孩子更会表达，就教孩子学会接打电话吧。把语言能力训练变成一个"电话游戏"，孩子就会更感兴趣，更愿意接受。把一些礼貌用语、与人沟通的技巧融入"电话游戏"中，孩子的社交能力就会大大提升，同时可以让孩子从玩耍中找到快乐。

若是家长看到孩子喜欢上接电话，还会模仿大人的语言和动作，千万不要觉得孩子调皮，然后去责备或训斥他。这是一个孩子语言探索的过程，我们应该借着这个机会，引导孩子更好地表达自己，学会如何与别人沟通。

最开始，我们可以给孩子买一个玩具电话，或是用手指做电话，和孩子玩"接打电话"游戏。这个过程中，我们要教孩子如何拿起话筒，如何拨打电话，还可以模拟各种情景。

比如，可以和孩子模拟妈妈打电话回家的情形。妈妈拿起玩具电话，发出"丁零零"的声音，然后让孩子拿起电话接听。妈妈说："喂，是某某吗？"孩子："是啊，我是某某。"妈妈："我还有5分钟到家，你帮妈妈开门，好吗？"孩子回答："好的，妈妈再见！"

再比如，电话响起，妈妈礼貌地问："你好，我找某某（妈妈的名字）。"孩子："你是谁啊？我是某某，她是我妈妈。"妈妈："你妈妈在吗？我找她有事情。"孩子："妈妈不在家，去买东西了！"妈妈："好的，那你帮我转告一下，说某某阿姨找，好吗？谢谢！"孩子："好的，再见！"

不得不说，这样的"打电话"游戏，既满足了孩子的好奇心，又锻炼了孩子的语言组织能力和表达能力，真的是两全其美！我建议家长们可以尝试一下。

孩子对接电话感兴趣，家长应该感到高兴，应该利用好这一机会。因为过一段时间后，或许孩子的兴趣就会变淡，甚至会感到厌烦。无论孩子表现如何，都要积极地引导他、鼓励他，发现他的闪光点。如此一来，孩子才会更快乐、健康地成长。

孩子说谎，不要一味地批评和打击

很多家长都发现一个问题：孩子两三岁后，学会了撒谎。偷吃了一颗糖果，妈妈问她："你有没有偷吃？"他会痛快地回答："我没有！"妈妈又问："真的？那为什么糖果少了一颗？"他则偷偷看向糖果，然后摸一下嘴巴，继续否认："我不知道，我没有偷吃。"和小朋友一起游戏，学会了吹牛。"我家有好多小汽车，都是妈妈给我买的。""我爸爸很厉害，一只手就能把我举起来！"

听到孩子说谎，相信很多家长开始都是惊讶、错愕的，不明白这么小的孩子怎么学会了说谎。然后感到失望和愤怒，开始担心孩子会学坏，"这么小就学会了说谎，长大了还得了。"紧接着，对孩子就是一顿训斥，甚至是一通胖揍。

可如果你真的这样做了，那就大错特错了。每个孩子都会撒谎，我们不能单纯地认为孩子撒谎就是学坏了，说谎是因为孩子进入了自我意识的萌芽时期，是语言敏感期的一种表现。

因为自我意识的发展，孩子以为自己知道很多东西，而家长却不知道。一方面偷吃了糖果，偏偏撒谎说没偷吃，一方面又笨得可爱，偷偷地看糖果、抹嘴，想要编造一个"完美的谎言"。对孩子来说，骗家长是有趣的游戏，是显示自己最厉害一面的游戏。所以，第一次成功后，他会继续想办法骗家长，心中还扬扬得意地想：看，我做的事情你不知道！

同时，这个时期孩子的语言能力和认知能力得到快速发展，然而又不知道什么是真的，什么是假的；不知道什么是对的，什么是错的。他们把现实世界和幻想弄混了：希望妈妈给自己买很多小汽车，然后就会根据希望去想象，说出自己家有很多小汽车的谎言；希望爸爸是超人、有无穷的力量，然后就在谎言中说出自己的愿望。

而随着孩子的长大，我们还会发现，他说谎的次数越来越多，而且编造的谎言也越来越"完美"，不再漏洞百出。比如不再偷吃后还抹嘴，甚至连表情都控制得很好。

有专家曾经做过研究调查：在这个阶段，2岁的孩了30%会说谎，3岁的孩子50%会说谎。而到了4岁以后，几乎每个孩子都会说谎。说谎就像孩子爱问"为什么"爱"骂人"一样，都是语言敏感期的表现行为，是他自我认知、自我表达的方式。

作为家长的我们应该明白，这个时期的孩子说谎并非什么坏事，这是成长敏感期的表现。对于孩子来说，成功地说谎并不是简单的事情，因为他需要先隐瞒事实，再编造另一个故事，同时还要控制自己的情绪和心理。而这一切都很好地促进了孩子语言能力、逻辑能力、自我控制能力的发展。

所以，面对孩子说谎的情况，家长不能主观地认为孩子学坏了，更不能不由分说地批评、打骂。这不利于孩子顺利度过敏感期，更容易让孩子的语言、思维、想象力得不到很好的发展。

我有一位同事方圆最近总是心事重重，询问之后才知道，她最近发现她4岁的孩子有说谎的迹象。一天，她正在打扫卫生，回到客厅后，发现水杯倒了，地上洒了一摊水，而儿子正在一旁看动画片。方圆问孩子："水杯为什么倒在桌子上，是你碰倒的吗？"

儿子痛快地说："不是的。我没有碰水杯！"

方圆又问："家里只有你和我，我在卧室打扫卫生，不是你是谁？"

儿子则说："真的不是我，嗯，是一只猫咪碰倒的，我刚看见了。"

方圆有些生气，说："咱家没有猫，怎么会是猫碰倒的？你在说谎！"

儿子继续说："真的是猫，我看见了。它从窗户跑出去了！"

这下方圆更生气了，大声训斥道："明明是你碰倒的，你还说谎，真是太气人了！说，到底是不是你？"

儿子被她的突然发怒吓坏了，大声哭了起来。方圆继续骂道："你还哭？快点道歉，保证再也不说谎了！"在方圆的严厉训斥下，儿子委屈地道了歉，可之后一整天都不开心。

还有一天，方圆叫儿子起床，吃完早饭去上幼儿园，可儿子却捂着肚子说："妈妈，我不去幼儿园，我肚子疼！"方圆开始以为儿子真的病了，便说观察一下，然后去看医生。可听了这话，儿子立即说肚子不疼了。意识到孩子在说谎，方圆又免不了一顿发火。

方圆抱怨地说："我以为自己的严要求很快就可以让儿子改掉说谎的坏习惯，可没想到，他确实不说谎了，然而话也少了，不再像之前那样活泼、自信。我该怎么办呢？任凭孩子说谎，会让他养成不良习惯，可严加管教，又会让孩子产生心理问题。这真是太难了！"

听了方圆的抱怨，我开解她说："其实，你没有必要大惊小怪，孩子说谎，只是成长敏感期的一个表现。过于紧张，把孩子的行为夸大化、丑恶化，然后用错误的方式去处理，只能导致错误的结果。只要你能及时引导，帮助他度过说谎敏感期就可以了。"

听了我的建议，方圆开始把握教育的度，不再训斥和打骂，而是巧妙地引导和鼓励。结果，孩子的表现果然有所改善。

所以说，在成长敏感期这个阶段，孩子说谎并不可怕，关键在于家长们如何去做。不管孩子因为什么说谎，家长都不能一味地批评和打击。给予孩子正面的引导和激励，帮助孩子顺利度过成长的敏感期，这才是对孩子最大的帮助。

当然，若是孩子到了6岁之后还习惯说谎，那么家长就应该注意了。这个时候，如果家长不及时引导和教育，帮助孩子改掉这个坏习惯，那么就会让孩子撒谎成性。同时，我们还需要反省自己，看自己是否给孩子做了不好的榜样，看自己是否给了孩子太大压力。

双语交流的家庭——孩子的大确幸

我发现身边的很多朋友、同事希望老人帮自己带孩子，可不希望老人讲方言。他们的理由很简单，老人讲方言，爸爸妈妈讲普通话，语言不统一，孩子很容易混乱，不知道听谁的、学谁的，然后导致语言发育迟缓，到说话的年龄还难以开口。

若是看到有新闻说孩子因为压力过大，将英语和普通话混淆，导致开口说话晚、语不达意，这些家长就更忧心忡忡了。他们担心双语环境会害了孩子，害怕孩子还未张口说话，便不愿开口了。

曾经在网络上看到这样一则帖子：新手妈妈青青（化名）和婆婆因为带孩子、教孩子说话产生了矛盾。宝宝1岁了，处于牙牙学语的关键时期，作为妈妈青青很重视也很用心，每天下班后都给宝宝讲故事、唱儿歌，教宝宝认识一些常见的物品。但是，她发现一个问题，尽管自己每天都用普通话教孩子说话，可孩子的爷爷奶奶却只用方言交流，还用方言教孩子说话。

青青急了，非要老人也用普通话交流，还严肃地说："家里的语言必须统一，每个人都必须讲普通话。要是你说你的，我说我的，孩子的大脑还不混乱了啊！到时候，孩子不会说话，说话不清晰，怎么办？"可老人说了一辈子方言，哪里会说普通话，一下子家里陷入紧张状态，矛盾一触即发。

可是，孩子在两种语言环境中长大，真的会思维混乱、语言发育迟缓吗？当然不会！不要小看了孩子的语言学习天赋，在语言敏感期，孩子的学习能力是非常强的，只需要简单的语言输入，就可以轻松地接受。

这时，或许有人会抬杠说："孩子的大脑简单，只有学习一种语言的机制，同时输入两种语言，孩子能分辨得清吗？即使能分辨得清，是不是学习的效率会降低，比别人说话晚？"同样的答案，不会！事实上，对孩子来说，语言学习就像走路一样，是本能行为，是无意识的学习。学习两种语言，就好像迈出两条腿一样，互不干扰，又相互协调。同时，这个时期，孩子对语言极度敏感，具有极强的语言辨别能力。在同一时期接受和学习两种语言，一样可以运用自如，不会给大脑造成什么负担。

生活中，确实有语言发展迟缓的孩子，但是孩子语言发展迟缓的原因有很多，可能是听觉能力发育不健全或不正常所导致的，或是家长过分训练孩子、强迫孩子说话所导致的，也可能是家长时常嘲笑孩子不会说话、说话发音不准，促使孩子自尊心受到伤害而导致的。即便有语言环境复杂的因素，也是因为家长的不恰当教育：强迫孩子学习多种语言，一会儿强迫他说英语，一会儿又强迫他说方言。这会让正处于模仿期的孩子产生困惑和叛逆心理，不再愿意学习。

当家长和孩子正常交流，不强迫、不控制，孩子的学习自由自在时，其学习效果是显著的。那些混血或双语环境中成长的孩子，不就是最好的事例吗？陈小春的儿子陈胤捷（Jasper），吴尊的女儿吴欣怡（Neinei），李小鹏的女儿奥莉，刘烨儿子诺一，他们都生活在双语或多语的家庭中，爸爸一种语言，妈妈一种语言。结果呢？孩子思维混乱了吗？没有！孩子说话晚吗？也没有！两三岁的时候，这些孩子便可以流利地说着两种语言，而且切换自如。

有一次，我带着孩子到一家餐厅吃饭，遇到一家三口正在交流。妈妈是中国人，爸爸是美国人，孩子是个混血小美女。只见小美女和妈妈交流时，说着一口流利的普通话，和爸爸交流时，说着标准的英语。

孩子在一旁小声地说："妈妈，小女孩英语说得真好！"可这话还是被一家三口听到了，只听小美女笑着说："我还会重庆话哦！这是外婆教我的！"说完，她就用一口地道的重庆话说："你们好，我是不是很厉害！"

听了这话，我家孩子竖起大拇指，说："嗯，你真是太厉害了！"

看到了吧！双语环境，不仅不会影响孩子语言发育，反而会促进孩子语言能力的发展。一个家庭如果平时总是用双语交流，那么这个家庭的孩子就比单一语言环境中的孩子更容易接受语言刺激。所以，不要过度担心孩子小小年纪是否能适应复杂的双语交流环境，也不要小看孩子的学习能力和适应能力。

对孩子来说，双语交流的家庭环境，就是孩子成长过程中的大确幸。我们需要做的就是，为孩子提供良好的语言环境，尤其是在孩子2到3岁时，重视孩子的双语早教，尽量把孩子送进双语幼儿园。在上幼儿园前，我们也需要进行自我教学，让孩子听英语儿歌，教孩子念字母、读单词，尽早激发其语言天赋。

第四章

动作协调敏感期：
强化孩子的左右脑平衡发育

　　1岁左右，孩子可以熟练使用双手；2岁左右，孩子已经会走路，然后进入活泼好动的时期——动作协调敏感期。这个时期是促进孩子肢体更强壮协调，让大脑充分发展的关键期，所以，家长应该让孩子充分运动，实现手、脚、眼、脑的协调训练。

爬高，爱走马路牙子——允许孩子的调皮行为

当孩子2岁左右时，表现得越来越调皮，好像不愿服从父母的管制了。喜欢爬高，在家里爬沙发、爬桌子，在外面则爬土坡、大石头、长椅，还会尝试着从高处往下跳，真是让父母看得胆战心惊。喜欢走不平的路，越是坑坑洼洼的地方，越是马路牙子，他就越喜欢走，还顽皮地一边走路一边踢小石头。

这不，2岁左右的小侄女就是如此。最近侄女对爬高非常感兴趣，大人一个看不住，她就爬上沙发、茶几，还喜欢上了爬楼梯。每当走到楼梯口，她就会一直喊着："上楼梯，上楼梯。"她妈妈担心她摔倒，说要抱着或牵着她，可她却怎么说都不同意。一次，她妈妈急着上楼，就一口气把她抱上了4楼，这下可惹到了小侄女，她一边哭喊着"我要上楼梯"，一边踢踏着双腿。等她妈妈到达家门口，把她放下想要开门时，她竟然一个人往下跑，还好被及时拉住。无奈，她妈妈只好把手里东西放下，抱着她下楼，然后重新让她走一次。

小侄女还喜欢走马路牙子，每次出门时有好好的路不走，非要摇摇晃晃地走马路牙子。她妈妈担心她摔倒，想要牵着她，可她总是甩掉妈妈的手。虽然每次都是摇摇晃晃的，可这小女孩知道把双手伸展开来，然后掉下来，

又站上去，掉下来，又站上去，乐此不疲。

下雨时，小侄女偏爱去踩那水洼，弄得一身都是泥水。前段时间，我和小侄女母女一起回老家，家里这边下了好几天雨，路上到处都是一个又一个水洼，铺着石板的马路上也积了不少水。我和她们母女俩外出买菜，她妈妈担心她弄湿衣服，便提前说："宝宝，出门后，不要踩到水哦。"可是这样的提醒并没有效果，这小小的人就是喜欢淘气，开始还是趁妈妈不注意时偷偷往水洼里踩，后来就明目张胆起来，看到一个水洼就在里面蹦几下。

看到这样的情况，她妈妈也只能叹气、摇头，说这孩子怎么这样淘气呢？而我则笑说："这是孩子的天性，也是到了敏感期的表现，就随着她去吧！"

孩子总是喜欢爬高、走不平的路，很简单，说明他已经到了行走敏感期。在这之前，孩子习惯用手来认知与探索这个世界。当他学会了走路，并且能熟练地在平地上走路时，内心就会产生一种强烈的欲望——用脚来探知这个世界，探知沙发、楼梯的高度，探知马路牙子、水洼的"神奇"。当孩子足够了解它们，满足好奇心之后，兴趣自然就会逐渐降低，然后再探索新的东西。比如从高处往下跳，在高低不平的地方奔跑，或是玩转圈圈的游戏。

这些看似顽皮、危险的行为，对孩子的成长是非常关键的。通过不断的尝试，他学会了用脚感知空间、把握空间，感受到了爬行、走路的乐趣，同时也锻炼了双脚的能力，强化了双脚、身体的协调性与平衡性。

我们时常说："只有经历跌倒，孩子才能学会走路、奔跑"，这一点没有错。家长总是想把孩子保护起来，抱着他走路、上楼梯，那么他什么时候能学会走路？家长总是担心孩子有危险，禁止他爬高、踩马路牙子、踩水洼，那么他又怎么探索这个世界？

在行走敏感期，孩子或许会摔倒很多次，或许会受很多苦，可这不正是成长过程中必须经历的吗？一旦家长因为过度担心，强行制止孩子的行为，那么就会打消孩子的好奇心与探索欲，让孩子失去对空间的探索兴趣，失去锻炼双腿的机会。到头来，孩子错过了最佳的成长机会，导致空间感知力差、双腿能力差、身体素质不好，而最终所有的苦难还得孩子自己来扛。

当然，孩子的爬高、从高处往下跳的行为若是存在危险因素，那就绝对不能允许孩子胡闹了。为了满足孩子的欲望，同时保护孩子的安全，家长们可以带他去游乐场，玩玩充气堡、儿童攀岩、障碍爬，或是蹦蹦床。这些游戏是有保护措施的，在家长或专业人士的保护下，孩子可以尽情地玩耍、锻炼。

我时常看到身边的朋友带孩子到游乐场，鼓励孩子到充气堡里爬高，鼓励孩子进行障碍爬，有些朋友还会在家里安装家庭版滑梯。一位朋友曾这样说："孩子2到3岁这个阶段是非常重要的，正处于行走敏感期，让孩子多行走，多玩爬高、蹦跳的游戏，才能提升手脚、身体的协调能力，使大脑得到发育。孩子不淘气、不蹦不跳，岂不是成了脆弱宝宝？"

这位朋友的孩子6岁了，已经上小学一年级了。正因为她的"纵容"，孩子从小就很调皮，精力旺盛、好动，所以身体素质非常好，比同龄孩子身体协调性强、空间感受力强，而且思维也非常灵活。

孩子的行走敏感期是非常短暂的。一旦这个敏感期消失，他就会对这些行为失去兴趣，就会对探知空间、锻炼双脚双腿失去兴趣，从而导致这些方面的能力缺陷。

所以，针对三四岁的孩子，不管是爬高还是喜欢走不平的路，我们都要正确地看待，在做好保护措施的前提下，让孩子尽情地去探索、行走、攀爬，允许孩子的调皮行为，尽量让他释放双脚、双腿，尽量让他去安全地攀爬、蹦跳。不要因为担心就限制他，不要因为怕危险就过分保护。

反复扔东西——孩子可以控制双手了

1岁多的孩子总喜欢扔东西，你给他玩具、零食、奶瓶，他都会往地下扔，扔完后还让你给他捡起来，然后继续扔，一边扔一边开心地笑。是不是很顽皮、很惹人生气？

是的，一般情况下，家长面对这种情况，开始还可能会给孩子捡东西，可反复几次之后，就难免有些生气了，一些脾气不好的家长还会训斥孩子。我劝你千万不要这样做，因为孩子反复扔东西，是他在成长呢！

很多孩子到8个月左右，就开始有扔东西的行为了。这时候，他的行为是无意识的，扔完之后就会很兴奋，以为自己又多了一个了不起的本领。之后，随着孩子身体发育越来越完善，手眼协调能力增强，进入了动作敏感期和空间敏感期。他可以有意识地控制双手了，并且发现手里的东西是可以离开双手的，于是开始不断地扔东西，探知周围的空间和环境，通过这种行为来认知自己所处的环境。

换一个角度来说，孩子扔东西是动作敏感期的一种正常表现。对孩子锻炼身体协调性，增强手腕、手臂力量，以及建立良好的空间感是非常有帮助的。家长应该允许孩子扔东西，而不是阻止与训斥。

朋朋快1岁了，不管手里拿着什么东西，都喜欢随意地扔掉。妈妈递给他一块饼干，朋朋把饼干抓住，随后又扔掉了。妈妈又给他一块，可他还是扔掉，扔掉之后还冲着妈妈"咯咯"地笑。

后来，朋朋开始扔桌子上的东西，只要是他能够得着、拿得动的东西，都会抓起来一通扔。尤其是摇铃这样容易产生响声的玩具，朋朋都会玩一会儿就扔掉，听到发出的不同声音，看到地上乱七八糟的东西，他还会表现出满足的样子。

妈妈知道朋朋这是到了动作敏感期，所以当爸爸说要制止这种行为时，妈妈提出了不同意见，说："让他扔吧，这能锻炼孩子的运动能力和大脑发育。"著名的教育家卡尔·威特曾经告诉我们，孩子和成年人不同，他不可能像大人一样可以坐在那儿静静地思考问题，孩子必须在玩儿的过程中通过触摸事物，甚至是扔东西，用实际的摆弄和操作来认识世界。要是不懂孩子扔东西背后的含义，不能重视其动作敏感期的引导和训练，那么就会给孩子的成长带来不良影响。

在这个敏感期，家长最好是和孩子站在一起，适当地引导他，并且帮助他养成一种良好的习惯。或许有人会说，那我们就要纵容孩子乱扔东西吗？当然不是。再来看看朋朋妈妈是如何做的。

为了让孩子的身体发育更完善，朋朋妈妈为他准备了一些不容易摔坏的玩具，比如毛绒玩具、橡胶玩具，还有一些大小不一的球类。朋朋扔玩具，妈妈不会跟在后面捡，而是等他扔完后教他一件件地捡起来，然后再一一放回原位。当孩子第一次捡回扔掉的玩具时，妈妈给他一个大大的拥抱，说："宝宝，你真是太棒了！"

每天妈妈都会和朋朋玩扔球的游戏，朋朋扔出去，妈妈接住或捡起来，或是妈妈扔给朋朋，让他捡起来。等到朋朋再大一些，妈妈和他面对面站着，拿着球扔过来扔过去。这样不仅锻炼了孩子的双臂、手眼协调性，还锻炼了他的反应能力。

同时，朋朋妈妈还非常注意孩子的安全，把剪刀、玻璃杯等危险品归置起来，绝不让孩子乱扔。吃饭的时候，朋朋若是扔碗筷，她就会提出批评，告知孩子这是错误的，是不被允许的。等朋朋不再乱扔餐具了，她也会及时给予表扬和奖励。

经过妈妈的培养和训练，朋朋改掉了乱扔东西的行为，同时顺利地度过了扔东西的敏感期。朋朋妈妈的做法很值得学习，可我发现生活中这样的家长并不多见。很多家长遇到类似的情况会感觉不耐烦，会气得打孩子的小手。但是孩子哭过之后，还是会做这样的事情，乐此不疲。最后，家长变得严厉，有时还会打骂孩子，结果孩子不再"犯错"，成长也会受到影响。

孩子从出生开始就进入了一个又一个敏感期，很多行为都是正常的现象。爬行、走路、扔东西，这些都证明他进入了动作敏感期。而在1到2岁这个阶段，扔东西就是他最喜欢的游戏和最爱做的运动了。

从另一个方面来说，孩子稍大一些时，扔东西很可能是为了引起家长注意，渴望得到家长的关注。但因为语言能力不完善，不知道如何表达，于是就用扔东西的行为来向大人表达内心的想法和情绪。比如，孩子想要玩玩具，家长不允许，孩子就会因不满而直接把玩具扔掉；小朋友和他抢玩具，孩子就会因为内心不满而扔掉玩具；家长只顾着看手机，不关心孩子，不和孩子玩，孩子就会扔玩具，以此来引起家长的注意。

亲爱的家长们，现在你还觉得孩子反复扔东西是淘气吗？你还会极力阻止和限制孩子扔东西吗？

若是想自己的孩子够聪明，身体更协调、双手肌肉更有力，就注重"扔东西"的训练吧！和孩子玩扔玩具或扔球的游戏，引导孩子不乱扔东西来发泄情绪，既锻炼孩子身体、发展孩子智力，又促进了亲子关系的和谐发展，何乐而不为呢？

父母科学陪玩，孩子的运动能力才会正确打开

好动是孩子的天性。在成长敏感期的孩子，只有多运动、多玩耍才能锻炼身体肌肉发展，提升运动能力、协调能力以及思维能力。可我发现很多家长明明知道动作敏感期对孩子的重要性，可还是无法"忍受"孩子给自己带来的麻烦、烦恼。

在这些家长眼里，好动似乎成了一个缺点，是顽皮捣蛋的表现。于是，他们对孩子多加限制，希望孩子能接受大人的管教，从而安静下来。

朋友家的孩子多多3岁多了，自从他会走路之后，就没有一刻安静下来的。在家里，他不是爬到衣柜里，就是在椅子上、沙发上爬上爬下，要不就是在客厅、卧室间跑来跑去。朋友每次都会立即制止多多，希望他能安静下来，一是担心孩子磕到碰到，二是担心楼下邻居有意见。为了让多多安静，朋友会给他找动画片看、找儿歌听，然后让他安静地坐在沙发上。

到公园或小区广场时，朋友也是小心翼翼地跟在多多身后，时刻控制多多的行为。一次，我有事来找朋友，恰好碰到她在小区广场陪多多玩。当时其他小朋友都在自由自在地玩，有的欢快地追逐，有的滑滑梯，有的挖沙子……家长们在不远处看护，一边聊天一边观察孩子是否有危险的行为。

按理说，3岁多的孩子完全可以自由玩耍了，只要不攀爬得太高，不奔

跑得太快，完全没有任何问题。可朋友却过于紧张了，在多多身边寸步不离，根本顾不上和我说话。孩子想和小朋友追逐，她担心摔倒，制止了；孩子玩滑梯，她牵着孩子的手，还小心翼翼地在滑梯下接应；孩子想玩沙子，她则担心不卫生，怕其他小朋友扬沙子，迷了孩子眼睛。

对于这样的行为，我很难理解，便提出疑问："孩子只是正常玩耍，你没必要提心吊胆啊！"谁知朋友却说："你不知道，这孩子有些好动，总是喜欢爬高、蹦蹦跳跳，前些日子还因为玩滑梯跌倒了，膝盖弄破了。"朋友滔滔不绝地述说着自己的担心，可我却陷入了沉思：这样的过分保护，真的对孩子有好处吗？把孩子的手和脚都捆绑起来，硬要他安静地待在一旁，孩子又能健康地成长吗？

答案是否定的。这位朋友肯定没有想过这样的问题：正处于成长阶段的孩子，不运动、不玩耍，身体机能如何得到发展？运动能力如何开发呢？孩子不抓各种东西，手指灵活性如何锻炼？孩子不爬上爬下、蹦蹦跳跳，双脚、双腿又如何协调？

要知道，孩子的运动能力和潜能都是靠不断的运动、尝试、锻炼而激发出来的，捆住他的手和脚，硬要让他安静下来，就会扼杀孩子的天性，不利于其健康成长。同时，在孩子成长过程中，跌倒或磕磕碰碰是不可避免的，不让孩子痛快地玩耍，孩子的精力就得不到宣泄，不但会影响身体发展，还可能影响心理健康。

家长是孩子最亲近的人，也是孩子的第一位引导老师。我们不仅不应该限制孩子运动、玩耍，还应该科学地陪玩。比如在室内可以陪孩子玩积木，玩手指游戏，玩翻跟头游戏，玩人体秋千游戏。在室外，则可以陪孩子玩兔子跳、踢皮球、双脚跳、金鸡独立等游戏。这些游戏能调动孩子的手、脚、眼等器官，增强身体的运动能力和协调能力，还可以促进孩子的性格更乐观、自信、活泼。

一位要好的同学非常重视陪孩子玩，尽管自己平时工作比较忙，孩子由爷爷奶奶带，可她每天都会挤出时间陪孩子。孩子1岁左右，同学发现他喜欢上了捉迷藏，于是便时常陪孩子一起玩，有时让孩子藏起来，自己来找；有时自己藏起来，让孩子来找。孩子很喜欢这个游戏，每次被找到，或是找到妈妈，都兴奋得不得了。

同学发明了好多有趣的游戏：比如用积木搭房子；用皮球和瓶子来碰积木"保龄球"；用玩偶摆一个障碍，让孩子用最快的速度绕过障碍，取得一些糖果、水果之类的"战利品"。在这些游戏中，孩子慢慢地锻炼了手脚和大脑，也提升了空间想象力和辨别力。

周末，同学还会带孩子到公园做各种运动，玩各种游戏，包括爬山、打球、滑滑梯等任何孩子能玩、想玩的新花样。为了锻炼孩子的腿部肌肉和平衡力，同学还为他准备了平衡车，每周让他骑上几圈。

有人问同学："你每天都陪孩子玩，不觉得麻烦吗？"

同学笑着说："一点都不麻烦。和孩子一起玩，是建立亲密关系的最佳方式。而且孩子正处于运动敏感期，科学地运动和游戏，才能健康地成长。"

正是因为同学平时注重科学地陪孩子玩，所以孩子的运动能力得到充分的发展，身心得到健康成长。同学真的很享受陪孩子玩游戏，所以孩子也感受到了妈妈的爱和支持，性格、心理得到良好发展。

毫不夸张地说，没有孩子不好动、不爱玩的，而且这些就是孩子的天性，就是孩子的成长。所以，如果你的孩子好动、爱玩，千万不要因为担心他淘气就阻止，千万不要因为惧怕他受伤就处处限制。捆绑住了孩子的手脚，就等于捆绑住了他的成长，就等于限制了他的发育。

相信这必定不是爱孩子的家长们所愿意看到的！既然如此，抓住孩子的运动发展敏感期，多陪孩子玩，科学地陪玩，调动起孩子全身多个部位，如此一来，自然就可以促进孩子手、脚、大脑的发育，促进其运动能力和思维能力的发展了。

脑足手协调力训练——家有花样体操运动员

对于几岁的孩子，吃、睡、玩是头等重要的事情，也是家长认为最关键的事情。绝大部分家长为了让孩子更健康地成长都会全力保护，想尽办法让孩子吃得好，睡得好，玩得好。

可我发现很多家长却忽视了一件事情，那就是如何合理地让孩子运动，如何陪孩子更好地运动。这些家长会陪孩子玩，可仅限于安静地玩，于是读绘本、玩积木、唱儿歌等成为最受家长欢迎的方式。然而这些游戏是远远不够的，虽然开发了孩子的智力，锻炼了孩子的手、脚，但却远远不如运动更有效果。

对于孩子来说，吃好、睡好、玩好的同时，运动跟得上，手部、脚部肌肉才能得到充足锻炼，大脑才能更好地完善发展，从而促使大脑、手、脚、眼等各个部位的协调发展。比如，1岁多的孩子要注重手臂力量、腿部力量的训练，提高身体的平衡感、协调感。翻跟头、掰手腕、人体秋千、单杠等都是很好的运动方式。

做翻跟头运动时，为孩子准备瑜伽垫，或比较软的地垫，教孩子先打开双腿，尝试弯下腰身，然后身体往前倾。一开始，孩子胆子小、没经验，家长可以在一旁协助，扶住孩子的大腿、腰部，尤其孩子翻滚时需要保护他的头部和颈部。

扳手腕就简单多了，家长和孩子坐在桌子两边，或是趴在床上，握住孩子的右手，然后引导孩子用劲扳，这样可以锻炼孩子胳膊上的力量，使得肌肉更强壮。等到孩子足够用劲时，家长可以故意输给孩子，增加他的成就感和自豪感，孩子便更愿意做这项运动了。

而人体秋千或单杠基本就是爸爸陪孩子做的亲子运动了。我家孩子三四岁时最爱和爸爸做这项运动——爸爸站立起来，伸出右手弯曲，然后让孩子抓住爸爸的手臂，或是前后荡，或是努力向上运动，做引体向上的动作。

有时孩子的爸爸还会鼓励孩子抓住"单杠"，然后进行计时，看他能坚持多长时间。有一段时间，孩子每天晚上都抓"单杠"，和自己比赛。开始孩子只能坚持1分钟左右，后来时间越来越长，半个月后竟然能坚持3分钟。

后来，孩子的爸爸把这项运动扩展到室外，时常和孩子到小区广场的单杠上做训练，这大大地训练了孩子手部的抓握能力，强化了手臂的肌肉力量，所以我家孩子比其他同龄小朋友更强壮、力量也更大。

我们常说，运动不仅能强身健体，锻炼孩子的肌肉灵活性、协调性，还对大脑发育有很好的促进作用，让孩子的大脑反应更快，思维敏锐力和记忆力更强。一位医学博士曾有一个重要的发现：孩子运动后，大脑会产生一种营养素，有利于建立神经细胞间的链接，让孩子思维更敏捷、记忆力更强。

看看我们身边，是不是那些爱运动的孩子更聪明伶俐？上学之后，是不是成绩也更好？所以，为了让孩子的身体得到充足锻炼，大脑得到充足发展，我们应该多陪孩子运动，从孩子1岁开始便引导他做适合的运动，让他成为一名能蹦能跳、能伸能展的花样运动员。

闺密的儿子飞飞就是一个花样运动员，从小在闺密的引导下做各种各样的运动。几个月大时，闺密陪他玩人体滑梯、翻滚、爬盒子游戏；2岁左右，闺密与他比赛金鸡独立、双脚跳、踢皮球，还陪他学习婴幼儿游泳。

孩子大一些时，闺密和孩子玩的花样就更多了：骑平衡车、投球、踢球、俯卧撑，还时常去公园爬山、奔跑等。既和孩子一起运动，又接触大自然，呼吸新鲜空气。

飞飞6岁时，闺密给他报了儿童轮滑训练班，希望他能加强大脑、手、脚的协调性，以及身体的平衡性。有人说："孩子这么小，为什么报轮滑班啊？这太容易摔倒了，摔一跤该多疼啊！"没错，学习轮滑容易摔跤，飞飞摔过无数次，有一次还把手腕扭伤了。可闺密并没有放弃，她说："让孩子保持一定的运动是非常重要的，增强体质只是表面，促进孩子的智力发展和心理发展才是关键。"

没错，一个爱运动的孩子，将来不仅身体更健康、体能更强，而且心理更乐观积极，大脑也更聪明。既然如此，为什么不在这个关键敏感期，加强孩子身体的锻炼，让他养成爱运动的好习惯呢？看看现在的孩子，体质差、肥胖，有些孩子成了木讷的书呆子，俨然就是高分低能的表现。很大程度上，就是因为家长没有从小培养、引导其运动而引起的。

所以，想要孩子更好地成长并有美好的未来，就从加强运动开始吧！

模仿力、想象力双重启迪——手影游戏

　　孩子最开始是用双手来探索这个世界的，小手尝试着捏、抓、揉、扔、拽，用一切的方法来探知这个世界，感知事物是什么样子的，它们的区别是什么。在孩子的成长中，使用双手的过程就是认识世界的过程，就是大脑及思维发展的过程。

　　如果在这个时期，孩子的手能自由活动，越来越灵活，动作越来越复杂，那将来一定就更聪明。所以，家长们应该有意识地锻炼孩子的双手，让他尝试着做各种动作、游戏。我在这里推荐一个游戏——手影游戏，它可以实现孩子模仿力和想象力的双重启迪。

　　还记得小时候父母教我们用双手摆出小兔、小狗的模样，然后用手电筒照射，投影在墙上吗？这就是手影游戏。游戏非常简单，只要关了灯，准备一只手电筒，然后和孩子一起拿出双手就好了。双手或张或合，或展开或弯曲，或握在一起，摆出一个个形象生动的小动物，孩子就欢喜得不得了。

　　我家孩子的爸爸就把这个游戏延续下来了，时常陪孩子一起玩。一次，家里因为线路故障而停电，4岁的孩子有些害怕黑暗，开始吭吭唧唧地闹起来。孩子的爸爸为了转移孩子注意力，便把手机上的手电筒打开，说："宝宝，我们玩个有趣的游戏吧！"

说完，他把右手展开，竖起大拇指，然后用左手握住右手，大拇指伸开，同时右手小拇指一张一合。我用手电筒配合，随即墙上出现了一只小狗，好像张开嘴一样。配合着动作，孩子爸爸还发出"汪汪汪"的声音。孩子一下就被吸引了，大声地喊道："呀，小狗狗。爸爸，你是怎么弄的，我也要学！"

自从那次之后，孩子就迷上了手影游戏，玩得不亦乐乎。为了满足孩子，孩子爸爸查阅了很多资料，练习各种动物的表演手法。孩子的模仿能力是非常强的，很快就学会了用手影表演小狗"汪汪"叫、兔子一蹦一跳，还学会了如何表演燕子、孔雀、大灰狼等各种动物。

孩子的爸爸还学会了手影儿歌，教孩子一边表演一边唱儿歌：

我在墙壁前，表演一双手。

变小猫爬墙走，变小狗张大口，

变鸭子水里游，变喜鹊立枝头。

太阳公公回家去，喜欢它们全抱走。

我在墙壁前，表演一双手。

变公鸡喔喔叫，变兔子蹦蹦跳，

变山羊胡子翘，变黄牛吃青草。

回到爷爷奶奶家后，孩子还兴致勃勃地表演给爷爷奶奶、哥哥姐姐看，说自己是最厉害的"魔术师"。

不得不说，手影游戏真的是很不错的亲子游戏，因为它不仅可以锻炼孩子的手指灵活性，使手指肌肉得到充分发展，还可以调动孩子听、说、思考的能力，促进孩子左右脑的开发，激发孩子的模仿力和想象力。

神奇的手影游戏，为孩子营造了一个神奇的世界。在这个世界里，孩子的双手可以变化出各种姿态，创造出各种动物。就像绘画一样，孩子的模仿力有多强，想象力就有多丰富，这个世界就有多丰富多彩。

正如儿童心理学家皮亚杰所说，智慧的花是开放在指尖上的。加强手部的灵活性训练，可以让孩子的大脑更兴奋，从而促进大脑的发育。如果你的孩子正处于动作敏感期，那就多陪他玩这个游戏吧！

我们可以和孩子玩你划我猜，各自表演一个动物，或是一个故事，让对方猜测动物或故事名字。我们还可以把手影游戏和故事结合起来，用手影来进行角色扮演。这一点朋友艾菲做得非常好。艾菲的孩子也4岁左右，喜欢玩手影游戏，于是她便把一个个手影演绎成一个个生动的角色，编排出有趣的小故事。

比如，她扮演兔妈妈，孩子扮演小兔子，两人演绎小兔子乖乖的故事。兔妈妈教小兔念儿歌，教小兔过马路要看红绿灯，要爱吃蔬菜、肉类，不要给陌生人开门。再比如，她扮演大灰狼，孩子扮演小兔子，两人一起演绎小白兔和大灰狼的故事，教孩子如何识别坏人，如何进行自我保护。

模仿和角色扮演给孩子带来了快乐，也让孩子懂得了一些礼仪、规矩、道理，还可以促进孩子身体和大脑的发展。

当然，手影游戏并不局限于此，只要你能想到的形式，都可以和孩子一起尝试。当孩子五六岁时，家长可以让他自己去开发、去探索，从而寻找新的形式。表演的形式越多样、越丰富，就越能开发孩子的想象力、创造力。

可以引导孩子利用一些简单的道具，比如剪出蜗牛的房子，配合手指演绎出爬行的蜗牛；再比如利用手套，演绎可爱的兔子。还可以引导孩子做一些简单的皮影，包括人物、动物、树木、城堡等，用废弃的纸箱制作一个皮影匣，演绎一个又一个生动的场景和故事。

皮影的制作和演绎要比手影复杂多了，在画图、剪纸、粘纸的过程中，可以锻炼孩子的动手能力和想象能力，促进孩子身体各个部位的全面发展，加大孩子心中的成就感。更为关键的是，这可以让孩子的智慧之化在手指间开放！

第五章

公共秩序敏感期：
务必教会孩子懂事懂规矩

孩子做事毫无计划，没条理，丢三落四；孩子不懂规矩，骄纵任性，总是犯错；孩子自私任性，不懂得分享……都是因为错过了公共秩序敏感期。从2岁开始，孩子便进入秩序敏感期，若是家长不重视或不及时引导，孩子就很难懂得生活规范、日常礼节，也很难自律。

强调秩序感，帮孩子认知自己与环境的关系

孩子的执拗，或许是家长最为头疼的问题：非要在家里睡觉，突然一天你带他到姥姥家，他便大哭大闹，死活都不肯上床；非要妈妈坐在饭桌正中央，客人多了，妈妈挪一个角度，他便不乐意了，非要客人离开；门铃响了，必须是他来开门，若是别人开门，他就让人家出去，然后自己再重新开一次；等等。

很多家长把孩子类似的行为理解为"固执""没事找事""任性"，往往会生气地批评孩子，甚至不由分说地抓住孩子打一顿。殊不知，这是因为他的秩序敏感期来了。

和大人一样，孩子的世界也是有秩序的，而且他们对秩序更为敏感。从孩子出生到4岁之前，他需要一个有秩序的环境，帮助自己来认识事物、熟悉环境。他需要确定自己的秩序形式，按部就班地睡觉、吃饭、洗澡，井井有条地摆放物品，做事情。

对孩子来说，秩序就是一种安全感。一旦环境发生改变，他就会失去安全感，无所适从。一旦事物的顺序发生改变，他就会焦躁不安，甚至出现大哭大闹的情绪反应。而家长的不理解、批评，或是打骂，直接把孩子内心的秩序感打破了，让孩子失去安全感，并受到深深的伤害。这种伤害是非常巨

大的，不仅会让孩子情绪失控，还可能产生更激烈的反应，甚至影响智力、心理的发展。

经常和我家孩子一起玩的小朋友琪琪，原本很乖巧，可进入秩序敏感期时，变得异常固执起来。妈妈收拾屋子，不小心把琪琪放在床头的布娃娃稍微挪了一点位置，琪琪看到了便不愿意了，非让妈妈放回原位。妈妈说等收拾完屋子再放回原位，琪琪还是不依不饶，开始大哭大闹起来。

爸爸每天回家，琪琪都帮忙把鞋子放进鞋柜。那天，爸爸回来时，琪琪正在卫生间洗手，等她出来时，爸爸已经把鞋子放好。这下，琪琪的情绪不好了，哭着说爸爸是坏人，还把爸爸的鞋子扔到地上。

一天，妈妈带琪琪到公园玩，因为着急出门，把鞋子随便放在鞋柜上就准备出发。可琪琪却说妈妈放错了位置——原木妈妈的鞋子应该放在鞋柜第二层，爸爸的鞋子放在第一层，这次妈妈随手就把鞋子放在了第一层。妈妈说："我们回来再放好，可以吗？"可琪琪就是不同意，非要让妈妈把鞋子放好。

爸爸妈妈觉得琪琪这是任性、无理取闹的行为，便决定不纵容她，开始批评她，希望她能尽快改掉坏毛病。可没想到，琪琪的"固执"不仅没好转，反而愈演愈烈。而接下来，琪琪更容易情绪失控，动不动就大哭大闹，还容易受到惊吓，甚至生病。

妈妈带琪琪到姑姑家玩，因为天气不好不得不住一晚。白天，琪琪还玩得很高兴，和姐姐做游戏、玩玩具，可临睡觉前却大哭不止，一直喊着要回家。妈妈以为孩子哭一会儿就好了，可事实并非如此，琪琪哭得都出现了抽搐的现象。无奈之下，姑姑只好连夜把她们送回家。没想到刚到家，琪琪马上就停止了哭闹，在床上很快就睡着了。

其实，琪琪之所以容易情绪失控，容易受惊吓，是因为她的秩序感被破坏了，思想、心理已经混乱了，内心失去了安全感。而她之所以容易生病，会哭得抽搐，是因为心理的缺失感，导致了生理上的疾病。若是琪琪的父母再忽视琪琪的心理需求，破坏她的秩序感，那后果恐怕更严重。

秩序感是孩子成长过程中最重要的，是生命的一种需求。一旦孩子的秩序感被破坏，那么就会如同在森林里迷失一样，没有安全感，很容易情绪失控，从而造成情绪和人格的发展不良。同时，孩子在生活中会很容易失去规则感、条理性，精力无法集中在任何一件事情上，无法持续做完任何一件事情。

所以，作为家长，我们应该尊重孩子的生命秩序。在他的秩序敏感期内，不要随意改变他的生活环境，不要随意阻止和干涉他的有序行为，更不能不分缘由地批评、训斥。我们应该有足够的爱心和耐心去引导他，为孩子提供一个有序的环境，尽量不对居住环境做出太大的改变，尽量不在外住宿。

可有的家长会说，"即便我们再小心也有出错的时候，这个时候应该怎么办？"其实很简单，我们不要因为孩子哭闹而烦躁，也不要因为孩子固执而发脾气。我们可以选择轻轻地拥抱孩子，然后温柔地说："宝贝，你是不是觉得不舒服？妈妈知道，你不是故意发脾气的，对不对？""东西乱了，没关系，我们重新摆好就可以了。"同时，还要适度转移孩子的注意力，比如孩子不喜欢在别的床上睡觉，可以在睡前和孩子做游戏，给孩子讲故事。

慢慢地孩子顺利度过了秩序敏感期，就会建立良好的秩序感。良好的秩序感建立了，自然就在生活中更守秩序了，做事有条理且专注，遵守规则，并且把日常生活规则化。

在这里，我还需要提醒家长们，秩序敏感期对孩子的成长也是至关重要的。到了秩序敏感期，孩子除了有强烈的追求固有秩序的欲望，还有强烈的不安感、恐惧感。我们一定要理解和关注孩子的行为，接受孩子的情绪发泄，给予他鼓励、关怀和尊重。同时，用倾听和积极回应来代替批评、

"镇压"。

当不得不改变环境时，我们也不应该采取强硬的态度，或是嫌弃他太麻烦、太固执。给予孩子支持和理解，倾听孩子的需求，尽力把孩子的不安降到最低，自然就可以解决问题，并促进孩子健康成长。

以保护天性为前提，和孩子一起定规矩

现在我问一个问题：你给孩子定过规矩吗？

有的家长会说："孩子还小，哪懂什么规矩？""孩子知道什么，给他立什么规矩？这不是限制孩子吗？"有的家长则说："我们应该给孩子自由和爱，让他无忧无虑地成长！"总之，绝大部分人认为，孩子还小，没必要定规矩。

要知道，孩子的成长需要自由和爱，也需要规矩。这两者并不矛盾。给孩子定规矩，其实是更爱孩子的表现。尤其是在公共秩序敏感期，教会孩子懂规矩，让孩子知道什么可以做什么不可以做，什么是被允许的什么是被禁止的，更容易让孩子养成良好习惯、形成良好人格，成为懂事守规矩的小淑女或小绅士。

可若是家长不给孩子定规矩，孩子就会成为脱缰的野马，在自己的小世界里疯狂。小小的人儿，骄纵任性，吃东西没完没了，看电视想看多久看多久；随意骂人，随手就打小朋友；在公共场合大吵大闹，随手乱扔东西……时间久了，就成了别人眼中的"熊孩子"，也给自己和家长带来了麻烦。

谁愿意自己的孩子成为缺少管教的反面教材呢？相信没有任何一个家长愿意吧！可遗憾的是，我发现总有一些家长过度地爱孩子，从他出生开始，就给予"最大的自由"，让孩子的吃喝拉撒睡都非常随意，让孩子的一言一行都不受约束。

我们班原来有一个名叫小小的男孩，从小是爷爷奶奶带大的，因为爷爷奶奶很溺爱他，不管任何要求都无条件满足，所以性格骄纵、任性、霸道。在和爷爷奶奶生活的那段时间，小小要看电视，爷爷奶奶就一直让他看，经常到晚上11点多。小小想吃冰激凌，爷爷奶奶就给他买一大箱，还说："宝贝，你想吃几个就吃几个，吃光了，我们再去买。"玩闹时，小小故意打爷爷的脸，爷爷还乐呵呵的很开心。小小打小朋友，爷爷也不阻止，还说"这不是坏行为，是正常的社交手段"等。

3岁时，爸爸妈妈把小小接到身边，因为对孩子有愧疚心，想多弥补弥补。所以，他们对小小有求必应，不管是吃的、穿的还是玩的都一律满足。他们明知道应该给孩子定规矩，约束一些不好的行为，可还是选择了纵容。

接下来，小小更加骄纵，想做什么就做什么，而爸爸妈妈也只是淡淡地说"这样不对""不可以这样哦"。结果，在幼儿园时，小小与其他小朋友的矛盾就显现出来了，随意抢别人的玩具，随意打人、骂人。同时，小小也屡次"挑战"老师定下的规矩——老师让排队领取食物，他一听就噘起嘴巴，说"我不要，我要第一个"；老师安排孩子们睡午觉，他大声喊"我才不要，我想什么时候睡觉就什么时候睡！"

长期被宠溺的小小，从来不守规矩，也不知道规矩是什么。到了小学时期，性格更加骄纵，总是故意捣乱，我行我素。这让老师很头疼，而他的爸爸妈妈想管也管不了了。

很显然，小小成了人人不待见的"熊孩子"。可我不得不说，这并不能怪孩子，因为没有人告诉他什么是不对的，什么是不允许做的。小小的爸爸妈妈，包括爷爷奶奶明知道孩子的行为是错误的，却没有告诉他这是不对的，这是不被允许的。他们爱小小，可这份深厚的爱也让他们失去了原则，成为害孩子的"罪魁祸首"。

孩子的成长，是不断被约束的过程。为孩子树立规矩，这不妨碍我们爱孩子，相反这更体现了我们对孩子的爱。只有这样的爱才是恰当的、负责的，不是吗？

当然，给孩子定规矩，并不是说用条条框框困住孩子，让孩子失去独立自主的权利。若是这样的话，家长的做法就过犹不及了，很容易限制孩子的快乐，让孩子失去独立的性格，失去自信乐观的心理。

规矩与自由并不是相互对立的。一旦家长忽略孩子的自由，绞尽脑汁为孩子制定各种规矩，就会让孩子泯灭天性，身心得不到健康的成长。一开始孩子还会守规矩，愿意配合家长。可没多久，孩子就会反抗，不断地挑战规矩，用恶作剧的心态享受与家长作对的快乐。

所以，当你的规矩总被孩子推翻时，不妨好好地反思一下，看看规矩是否太严苛，是否违背了孩子的天性，是否故意为难他们。比如，不能吃零食，任何零食都不可以；不能看电视，1分钟也不行；在公园里不许跑跳……这样的规矩，怎么能强迫孩子必须遵守呢？想一想自己小时候，是不是也讨厌那些严苛的规矩？

给予孩子理智的爱，以保护天性为前提，为孩子定规矩，这是作为家长最应该做的。如果我们这样做了，就会发现孩子不再是人人讨厌的"熊孩子"，而是健康快乐、懂事懂规矩的好孩子了。

孩子犯错以后，要教会他承担责任

调皮是孩子的天性，犯错似乎也不可避免。在五六岁这个年龄段，孩子懂得一些道理，可还处于懵懂、无意识的状态，什么都想试一试，什么都敢做一做。或许他不知道某件事情是不对的，出于好奇心，往往看到别人做了便去模仿了。或许他内心知道什么是错的，什么是不被允许的，可还是控制不住内心的欲望，做了不该做的事情。

孩子犯了错，最考验的是家长。有的家长舍不得说、舍不得打，对孩子的错误听之任之，或只是表面说几句，没有正面教育孩子。可这明显是错误的，长此以往孩子就会缺乏是非观念，在家里和外面都无法无天，成为令人讨厌的"熊孩子"。

古人曾经告诫我们，不以恶小而为之，在孩子犯错这个问题上，我始终认为容不得一点溺爱与纵容，否则就会让孩子在错误的道路上越走越远。然而，很多家长却不懂这个道理，孩子故意摔坏了东西，家长毫不在意，"孩子嘛，犯个小错也没什么"；孩子任性，因为要求没被满足而胡闹或打人，家长一笑了之；孩子欺负其他小朋友，连续几天打哭人家，家长过来袒护，"哎呀，小孩子闹着玩，没什么的"；孩子在外面做出种种"熊行为"，妨碍了其他人，家长则理直气壮地"护犊子"，"他只是小孩子，你这么大人了，怎么还和孩子计较？"

这些家长以为孩子只是不小心犯了错，长大了就会好了，殊不知正是因为他们的不及时引导，让孩子失去了是非观，没有责任心，不懂约束自己。这些家长以为自己成了孩子的保护伞，殊不知正是因为他们的纵容、保护，一步步把孩子推入深渊。

网络或报纸上经常报道这样的新闻：14岁的男孩猥亵同班同学，女孩父母愤怒地找上门，想要报警处理。男孩家长却把男孩护在身后，为其辩解："孩子才多大啊，只是闹着玩而已。"还妄想赔点钱私了。女孩家长不肯罢休，几天后，被骂了几句的男孩竟然在深夜闯入女孩家中，用刀杀害了女孩一家人。

男孩犯了大罪，害了女孩一家，也害了自己。可仔细想一想，难道不是男孩家长的问题更大一些吗？我们可以想象到：在男孩的成长过程中，家长一定是无比溺爱的，男孩犯错之后，家长总是包庇的、纵容的。一开始，男孩可能只是无意识地犯一些小错，随着年龄的增长，父母一味地纵容，使他缺乏自控力和是非观，结果在错误的道路上越走越远，最后犯下如此人命关天的大错。相信男孩家长也是悔不当初吧！

还有一个十三四岁的男孩迷上了网络游戏，偷偷拿家长的手机玩游戏，还多次打赏主播、买游戏装备，短短一个多月的时间竟然花掉了父母近十万元的积蓄。父母发现之后，立即联系游戏运营商与媒体，希望能要回孩子所充的钱。好在运营商念在孩子年纪小，返还了这笔钱。

可没过两个月，男孩竟然又犯了同样的错误，玩游戏、买装备，偷偷花掉好几万元钱。这一次，父母再次找到游戏运营商与媒体，希望能再次要回这笔钱。然而，这次他们却遭到拒绝。

短短两个月时间，男孩连续犯两次这样的大错，可想而知，第一次他没有意识到自己的错误，也没有意识到问题的严重性。而他的父母很可能根本没教育他，若是父母能及时让他认识到错误，教会他承担责任，结果又怎会如此呢？

每个孩子一出生，天然就有一个精神胚胎。而这个精神胚胎以后会变成什么样子，父母的引导至关重要。孩子不知道错误的严重性，家长肯定知道，孩子没有是非观念，家长肯定有。孩子是否能知错就改，是否能承担责任，完全取决于家长的态度和引导。

所以，当孩子犯了错，就算他年纪再小，就算这个错误再"微不足道"，家长都应该第一时间教育他，并告诉他这种行为是错误的，是不被允许的。家长还应该让他学会承担责任，比如打破了杯子，要自己打扫干净；欺负了小朋友，要道歉，争取人家的谅解。慢慢地引导孩子，给出一个正确的方向，孩子才能知错就改、少犯错、不犯错，进而形成良好的品质，养成良好的习惯。

但要注意一点，我不是说只要孩子犯了错，家长就要给予严厉的处罚。教育需要讲究方式方法，讲究一个度，成长期的孩子犯错是不可避免的，除了不能纵容，也不能过于严厉。只要孩子一犯错，家长就非打即骂，这种方式同样起不到什么作用，还可能让孩子产生逆反心理。

然而，现在实行打骂教育的家长可不少，动不动就罚站、大声训斥，甚至是动手管教。曾经有一位家长向我咨询："我家孩子男男6岁了，平时总是小错不断、大错偶尔犯，我们已经管得很严了，可他还是一而再再而三地犯错，就连打骂都不怎么管用。"

今天男男偷偷拿了妈妈的零钱，买了自己喜欢的零食。妈妈发现后，就劈头盖脸地骂一通，还让男男保证不再犯类似的错误。可明天他又偷玩游戏，还用爸爸的微信充值买了好几百元的装备。

男男今天作业没完成，被老师批评，他因为怕被父母责备、体罚，就偷偷地冒充了爸爸的签名。最后被老师发现而告知家长，又免不了一顿打骂。

可没过几天，老师又向家长反映问题——这次不是冒用签名，而是抄作业。

其实，男男就是典型受父母打骂教育的孩子，父母总想用打骂来促使孩子改变，不再犯错，结果发现这一点都不管用，还起了反作用。

所以，作为家长我们必须明白：孩子犯错之后，第一时间不是包庇、纵容，也不是打骂、惩罚。最关键的是，要教会孩子认识到什么是对的，什么是错的，教会孩子勇敢地承认错误，并及时改正。

这个世界上没有十全十美的孩子，很多时候孩子可能因为认知不够、经验不足而犯错，也可能因为控制不住自己而犯错。但不管什么原因，孩子犯错是正常的。只要家长能采用适当的态度和教育方式，给予孩子正确的引导，那么孩子就可以学会知错、改错，学会承担责任，成为一个敢作敢当的人。

不强制孩子做"违心事"，尊重孩子的自我规则

　　5岁左右，孩子的社会秩序敏感期开始出现，这个阶段，除了固执、严格遵守秩序，还可能因为别人改变秩序而焦虑不安，或因为被强迫做"违心事"而痛苦、烦躁。

　　孩子有了自己的规则，比如，有了"你的""我的"的概念，并且明确记住一个原则：玩具是我的，不能给别人；做事有自己的顺序，保持着自己的速度。若是家长强迫他分享玩具，或是打乱他的做事步骤、速度，强迫他快点，那么孩子就有可能因为自我规则被破坏，导致内心出现焦虑、不安、恐惧等情绪。同时，孩子是敏感的，思想是单纯的，一旦家长要他按照自己说的去做，他的思想就会变得混乱，认知就会产生偏差，从而影响是非的判断、秩序的确定。

　　就拿分享来说，这是孩子始终绕不过的话题，也是家长感到头疼的话题。不妨想想，你是否遇到过类似的情形：几个小朋友在公园里玩耍，你家宝宝手里拿着零食，一个小朋友眼睛直勾勾地盯着，你会怎么做？你正陪孩子荡秋千，旁边有一个小朋友跑过来，说"阿姨，我也想玩秋千"，你又会怎么做？

　　相信很多家长为了让孩子不霸道、不自私，便会强迫孩子分享，强迫让

孩子认为分享是一件快乐的事情。因为家长认为孩子应该学会分享，否则就会不善于与人沟通、不受人欢迎，从而交不到朋友。

一天，我陪孩子在小区公园玩，看到邻居也在陪女儿琳琳玩。琳琳看到秋千上没人，立即坐了过去，还让妈妈在后面推她，玩得不亦乐乎。没过一会儿，一位妈妈领着小男孩来了，男孩嚷嚷着说要坐秋千。妈妈刚要说话，琳琳便大声喊道："不，这是我先坐上的，你不能玩！"

那位妈妈客气地说："小朋友，弟弟也想玩，你让他玩一会儿，好吗？"

谁知琳琳再次拒绝："不要！我先得到的，只有我能玩。这是规矩！"

见那位妈妈脸色有些尴尬，琳琳妈妈劝说道："琳琳，你要乖！你已经玩了一会儿了，而且弟弟还小，让他玩会，好吗？我们应该学会分享，知道吗？"

可妈妈不管怎么说，琳琳就是无动于衷，坚持说："我先来的，我还没玩够呢。"此时，小男孩大哭起来，喊着要玩秋千。而琳琳妈妈面子挂不住了，板起脸来，批评道："你这孩子，怎么这么自私！小弟弟都哭了，你就不能让一让嘛！你再这样，我就生气了！"妈妈这一骂，琳琳也委屈地哭了起来，大喊一声："你们都是坏人！哼！"然后就跑开了。

事后，我问这位邻居："孩子不愿意分享，你为什么要强迫呢？"

邻居无奈地说："我觉得孩子应该学会分享，这对她之后与人交往有好处，否则孩子很可能变得自私、霸道。现在琳琳已经有自私的迹象了，经常把一句话挂在嘴边，'这是我的东西，我做主'。"之后，邻居讲了近期的一件事情：

那天琳琳的表弟来家里玩，和琳琳一起玩玩具。开始两人还玩得很高兴，可不一会儿，表弟就哭着出来了。原来，表弟想玩琳琳的小熊，可琳琳说什么也不同意。妈妈见到这种情况，说："琳琳，你要把玩具分享给弟弟，不能太霸道哦！"琳琳也哭着出来，说道："我已经分享他一个玩具了，可是他就想要我的小熊。这是我最喜欢的，我就不要分享！"事情的结果是，妈妈把琳琳批评了一通，而琳琳和表弟则哭成一团。

最后，邻居叹了一口气，说："你说这孩子是不是有问题，不懂得分享，自私、霸道。我真不知道她为什么这样！"

我笑着说："可是你有没有考虑过这是你的问题呢？正是因为你强制孩子违心地分享，破坏了孩子的规则，这才适得其反，让孩子产生逆反心理。"听了我的话之后，邻居陷入了思考。

当孩子遵守自己的规则，不愿意分享时，作为家长的我们应该给予理解和支持，而不是说他"自私、霸道"，是个"小气包"，更不能强迫他分享，强制灌输分享的观点。强迫，会让孩子心理受伤，更会让孩子天性发展受到限制。

我希望家长们明确一点：自我规则的确定对孩子是非常重要的，这决定了孩子的自我认知和人格发展。一旦这个规则被打破，孩子就会陷入混乱，甚至表现出极端的情绪和心理。在这个阶段，家长应该积极引导，慢慢地让孩子懂得分享的道理，慢慢地让他乐于分享。只有在遵守自我规则的基础上，让孩子享受做这件事的乐趣，才能养成良好的品质与习惯，成就最好的自己。

万物都按照自我规则在成长，孩子也是如此。我们尊重孩子，尊重孩子的意愿和规则，不强迫、不控制，如此孩子才可以更自由、更健康地成长。

把别人东西拿回家——只要是我喜欢的，就是我的

　　家长最不能容忍孩子的行为，那便是偷东西。如果发现孩子有偷东西的行为，那是一定要严惩不贷的。因为这不只涉及品质、道德的问题，更涉及法律的问题，一旦孩子养成偷盗的恶习，长大后仍不能改正，便可能走上犯罪的道路。民间不是有这样一句俗话吗："小时偷针，长大偷金"。

　　可是，孩子小时候的"偷"真的是我们理解的"偷"吗？他的哪些行为必须严惩，又有哪些行为是可以理解的，需要家长耐心地引导？其实，孩子6岁到青春期之间的行为才算是真正的偷盗，而3到6岁期间的行为并不是真正的偷盗。他之所以偷拿别人的东西，是因为喜欢、想要占有，在他的思维里有一个很简单的想法——"我喜欢的，就是我的""我喜欢的，我就要拿回家"。

　　邻居家有一个3岁的小男孩，名叫乐乐，正在上幼儿园小班。一天，在回家的路上，遇到邻居正在批评乐乐，而乐乐却一副不服气的样子，噘着嘴，满脸不高兴。询问之后才知道，乐乐最近几天出现了偷拿别人东西的"坏行为"。

　　那天，邻居接乐乐放学，发现书包比以前重了一些，一检查才发现多了几个玩具，小汽车、拼图，还有几个漂亮的橡皮、尺子。邻居心想：这是哪

里来的玩具和文具，难道是从幼儿园偷拿回来的？听说现在小孩都有偷拿别人东西的习惯，我家乐乐不会也是这样吧？

于是邻居赶紧问乐乐："宝贝，你这些玩具和文具是哪里来的？"

乐乐高兴地跑过来，说："玩具是幼儿园的，橡皮和尺子是晓丽的，我看它们很好看，就拿回家了！"

邻居听了之后，就严厉地批评道："你这是偷东西！不是你的东西，你怎么能偷拿呢？"

乐乐显然被妈妈吓坏了，委屈得想哭。邻居打断他，继续说："不许哭，说为什么要拿别人的东西？你这么小就偷东西，长大还得了？""今天罚你不许吃饭，然后明天必须把东西还给幼儿园和晓丽！"

邻居以为经过自己的严厉批评，乐乐会记住教训，不再犯错。可今天，她又在乐乐的书包里发现了不属于他的文具。邻居无奈地和我抱怨说："小小年纪就养成偷东西的习惯，长大了可怎么办？""你看他，我批评他，他还一副不服气的样子，真是太气人了！"

我很理解邻居担心孩子变"坏"的心思。可不得不承认，她的认知和行为都是有偏差的。发现乐乐偷拿别人的东西之后，邻居询问了孩子东西的来源，可没有弄明白孩子这样做的原因。接下来，邻居严厉地训斥和惩罚孩子，严重伤害了孩子的心，不仅没有让他改掉坏行为，反而开始变本加厉。

听了邻居的抱怨，我笑着说："其实，这件事是你太大惊小怪了。3岁左右的孩子，'偷拿别人的东西'是正常现象，因为他还没有明确'你的、我的、他的'的概念，认为只要是我喜欢的，就是我的，就可以拿回家。即便他有了这个概念，可还不知道什么是对的、什么错误的，有时会因为强烈的占有欲，想办法得到自己喜欢的东西。"

邻居惊讶地说："那乐乐这个行为是正常的，不算是偷东西？"

我继续解释说："没错，这不算是真正的偷，我们不能给孩子贴上

'偷'的标签。"

邻居着急地问道："那我应该怎么办？就任由他拿别人的东西吗？"

我笑了笑，说："并不是，我们需要正确地引导孩子。我们要告诉孩子，这个东西是幼儿园的，是其他小朋友的，不经过别人允许是不能拿回家的。同时还要让孩子明白，拿别人东西一定要征求别人同意，可以询问：'这个玩具可以借我玩吗？' '老师，我喜欢这个玩具，我可以拿回家玩一天吗？'"

听了这些话，邻居点了点头，说会尝试尝试。经过一段时间后，我再次碰到这位邻居，她高兴地说："你的办法真的很有效，乐乐确实不再偷拿东西了，真是太感谢你了！"

没错，找到了正确的方法，那么教育孩子便会变得顺利且有效很多。家长们应该知道，对待孩子，尤其是年纪比较小的孩子，严惩绝非好方法。在没有弄清楚孩子心理需求的情况下，企图用严惩来让孩子改掉所谓的"坏"行为，那只能适得其反，并且给其造成很大的心理伤害。

孩子的规矩和习惯是需要一步步引导和培养的，家长在平时给予正确引导的同时，有意识地强化一些良好的行为，慢慢地，孩子便会建立与人相处的规则，养成良好的行为习惯了。同时，家长要利用孩子的同理心，比如当发现孩子偷拿别人东西时，不要着急，不要马上批评，而是对他说，"这是小朋友喜欢的玩具，对不对？要是他发现玩具丢了，是不是很伤心？你最爱的玩具丢了，是不是也很伤心？"孩子都是有爱心、同情心的，听到别人伤心、难过，自然就不会再偷拿别人的东西了。

除此之外，家长还应该多关心孩子，耐心地与孩子进行交流，引导孩子说出内心的想法。因为很多时候，孩子偷拿别人的东西，只是为了引起家长的注意——家长平时很忙，缺少对孩子的关心，只有发现孩子犯错时才会沟通——即便沟通的方式只是批评或训斥。

　　总之，我们需要耐心、细心地关注孩子，发现孩子偷拿了别人的东西，千万要控制住自己的情绪。不严厉"审问"，不急于严惩，告诉孩子别人的东西不能随意侵占，鼓励孩子主动归还，才不会让孩子的"无意偷拿"变成"故意偷窃"，才不会让孩子养成偷盗的恶习。

培养孩子的界限感，尊重和保护自己与他人的基本权利

什么是界限感?

很简单，就是懂得分清自己和他人之间的边界。没有界限感的孩子，是没有约束自己行为的意识和能力的，往往会侵犯到他人，同时他也守不住自己的权利，不懂得自我保护。

其实，在孩子2岁左右，就应该培养他的界限感。这个年纪的孩子，已经开始有了自我意识，能够分清"你的""我的""他的"了，能够区分"好的"与"坏的"。可似乎很多家长并没有意识到这一点，对孩子只是纵容、溺爱、袒护，或是不以为意，只要不出现大问题便不作声。

一天，在小区花园的一角看到两个孩子发生争执：几个孩子正在玩挖沙的游戏，一人一个工具。可其中一个男孩丢下自己的小铲子，非要抢另外一个男孩的小铲子，只因为人家的铲子颜色好看。第一个男孩的妈妈微笑着说："乖宝宝，你们交换一下吧！反正铲子都是一样的。"有了妈妈的"助阵"，男孩更强势了，一把抢了人家的铲子，然后高兴地玩了起来。

另外一个男孩的妈妈有些不高兴，可看孩子只是看看自己，没有哭泣，便也不好说什么了。这位男孩妈妈的想法很简单："孩子还小，不懂事，没必要大惊小怪！""孩子总在一起玩，家长也是熟人，闹得太僵，也不好。"

然而我认为这两位家长的做法都是不恰当的，忽视了孩子界限感的培养。第一位男孩，在家里必定是以自我为中心的，认为所有的东西都是自己的，即便是出门在外，也是霸道、自私的，喜欢抢别人的东西。而家长呢？任由孩子的行为过界，围着孩子转，他想要什么就给他什么，甚至还亲自与别人交涉，让别人迁就自己的孩子。

可想而知，这个孩子暂时得到了好处，可因为缺乏界限感，将来可能变得更自私、霸道，只知道索取不知道付出，想得到什么就要什么，把一切都看成理所当然。慢慢地，这个孩子会变成别人口中的"熊孩子"，甚至无法无天。而这样成长的代价，往往是孩子和家长不能承受的。

与之相反的是，有些家长就重视孩子界限感的培养，从小就让孩子分清"你的""我的"，让他知道什么该做什么不该做。

很久以前，我看过一档综艺节目，节目中一位艺人谈论自己和女儿的相处之道时，说了一个有趣的故事。一天，女艺人准备穿一条漂亮的裙子出门，可女儿也想穿，便和妈妈抢了起来。最后，女艺人并没有妥协，穿着裙子高高兴兴地出门了。有人问她孩子这么小，你为什么不让着她。

可女艺人说："不行，这是我的，我赚钱买的。这件衣服的所有权属于我，没理由因为孩子年龄小，就必须让着她。否则孩子就会总想着抢别人的东西，长大后也是如此！"

很简单的一件事情，却明确地告诉了孩子什么是界限感，即使她很小，也是不可以越界的。若是家长教育好了，引导好了，那么孩子就不会看着别人有好东西，便吵闹着要，甚至动手抢。

同样，第二位家长的做法也会害了孩子。因为缺乏界限感，他不懂得争取和保护自己的利益，被抢了玩具，内心虽不满、不情愿，可不知道反抗或提出反对意见。久而久之，就会习惯妥协、屈服，甚至认为这是理所当然的。他很难清楚什么是自己应该捍卫的，什么是自己应该争取的，然后在未来的生活中即便受到伤害或侵犯也不会有反抗意识，甚至不会逃离、拒绝、抗议。更为严重的是，一些孩子尤其是女孩，身体受到了侵犯，却只能默默忍受。

另一方面，他没有你我的界限，没有分内与分外的概念，与人交往时不会拒绝，不会保护自己。自己的事情，他自己做；别人的责任，他也自己扛。还记得那个自杀的寒门博士吗？他就是典型没有界限感的例子，不懂得拒绝，分不清分内与分外。固然，导师也有一定的责任，然而若是这个孩子从小能保护自己、尊重自己，恐怕悲剧也不会上演。

如果不想你的孩子长大以后，在人际交往中成为"熊孩子"或"受气包"，就应该尽早培养他的界限感。明确地告诉孩子：自己的身体和权利，要学会保护和捍卫；别人的东西，不要去抢、去要，别人的事情不要干涉。分清自己和别人的界限，不过于自私，肆意侵犯他人的利益；也不过分无私，不懂得保护自己的权利。如此孩子才能健康地成长，拥有高情商和良好的人际关系。

第六章

行为习惯敏感期：
大力加固孩子的自我约束力

　　3岁左右，孩子进入行为习惯敏感期，喜欢模仿大人，开始有自己的意识，同时开始有反抗的心理。这个时期，家长要及时给予孩子合理的引导，教会他什么可以做什么不可以做，从而加强自我约束力。同时，家长要扮演好老师的角色，为孩子做好榜样和示范。

孩子爱说脏话，是不是在学你呢?

　　很多家长都听过孩子说脏话。"你就是丑八怪、大坏蛋！""臭屁，大臭屁妈妈！""我要打死你！""这都做不好，真是个大笨蛋！"每当这个时候，家长都会感到羞愧、无奈，不清楚孩子为什么喜欢说脏话。

　　其实，孩子之所以喜欢说脏话，是因为诅咒敏感期来了。这是孩子成长的必经阶段，一般在3岁左右出现。这个时期，孩子进入了语言学习期，对各种语言都表现出极高的兴趣，接触到一些脏话、带有诅咒的话后，就喜欢不分场合地使用。他发现自己说脏话时，家长会表现得很激烈，或是生气，或是急忙制止，或是打自己的小屁股，感觉这样特别有趣，于是他越是遭到家长制止，就越喜欢使用脏话或带有诅咒的话。

　　豆子3岁了，变得顽皮起来，只要不顺心就会噘起小嘴，大喊"屁妈妈""大坏蛋"。妈妈听到豆子说脏话，就会皱起眉头，或是板起面孔。豆子不仅没有收敛，反而说得更多了。在家里，什么"臭妈妈""大臭屁"之类的脏话不断，在外面也时常骂人，不是骂小朋友"丑青蛙""大笨蛋"，就是说"我咬你""打死你""我要踢死你"。

　　过了一段时间，豆子的词汇变多了，说出的脏话也更多了。妈妈开始只是严肃地纠正，板起脸批评他，后来便会生气地训斥他，"不要说这样的话了，你再说脏话我就打你了！""你这孩子太不听话了，以后不许再骂人。"可妈妈越生气，豆子说得越起劲。

现在总有小朋友向豆子妈妈告状，说豆子总是喜欢骂人、诅咒人。而豆子妈妈也头疼不已，不知道孩子为什么屡教不改。事后豆子妈妈查阅了相关资料，这才明白原来是因为孩子进入了诅咒敏感期。在孩子看来，这些话是有趣的，妈妈的反应是新奇的，也是很有意思的，所以他便一直重复这样的行为。

豆子妈妈仔细观察了豆子的行为后，发现当他说出脏话引起小朋友大哭或不高兴，或是妈妈生气时，他自己便会表现得高兴、得意。很显然，他是乐于看见别人这样的反应，因为他已经见识到了"诅咒"的力量——这样说话会引起别人注意，于是他便乐此不疲地使用起来。

于是，豆子妈妈决定采取冷处理的方式。每当豆子说脏话时，不再生气或批评，而是假装没听到，不再做任何回应。同时，豆子妈妈开始寻找孩子学会说脏话的源头，原来这完全源于自己，自己总是开玩笑地说豆豆"屁儿子""臭豆子"。

接下来，豆子妈妈不再和豆子说这样的话，批评豆子时也不再说"你不听话，就打你了"之类的话。当豆子说"臭妈妈"时，她开始尝试用好的语言去回复，"不是臭妈妈，是香妈妈哦！"当豆子说"打死你"时，她开始激发他的同情心，"呜呜，打人会痛哦！"一段时间下来，豆子果然慢慢减少骂人和诅咒的语言，开始学会用一些好的语言。

我想说，家长千万不要把孩子爱说脏话这个行为看得过于严重了，觉得孩子学坏了，然后就严厉训斥，甚至打骂。我们应该先弄清楚孩子喜欢说脏话的原因是什么，然后再对症下药。

其实，家长反应越激烈，孩子越喜欢说脏话，并不是因为他叛逆、不听话。恰好相反，因为孩子认为这样的行为可以获得爸爸妈妈的关注，也可以借此和爸爸妈妈多一些沟通。孩子都是聪明的，知道用什么方法能引起家长的注意，而当家长反应激烈，打骂孩子时，他就越认为自己的行为是有效的，于是就越喜欢用它来向家长"乞求"关注和爱。

同时，家长的纵容或鼓励，也会导致孩子爱说脏话。比如，孩子第一次说"哈哈，她就是大笨蛋""哈哈，爸爸是大臭屁"，家长觉得有趣便哈哈大笑，或是夸奖"这么小，嘴就这么厉害"，孩子就会认为家长愿意听类似的话，为了博得关注和爱，便会反复地说。

除此之外，孩子爱说脏话，还有一个最重要的原因，那就是和家长学的，就如同豆子一般。孩子还小，不明白脏话是什么意思，即便知道它是不好的话，也不知道哪里不好。当家长无意间说出脏话时，孩子就会纯粹地模仿，有样学样。慢慢地随着词汇量增多，接触的人增多，他就会说出更多的脏话。

世界上没有一个孩子天生就会说脏话，如果我们发现孩子说脏话，那一定是因为他接触到了"脏话信息"。这个时候，家长应该反省自己，看自己是否存在问题。同时，我们还需要看孩子的成长环境，看亲戚、邻居、小朋友，以及电视、手机是否影响了孩子。尽可能减少孩子模仿的机会，尝试用好的语言引导。

当孩子减少说脏话的概率，并学会用一些好的语言时，家长应该给予赞扬和关注。这会让孩子感到自豪与备受关爱，从而更愿意改变自己，改掉说脏话的坏习惯。

孩子马虎大意，利用家务让他学会做事有条理

我时常听到有些家长抱怨："我家孩子太粗心了，总是丢三落四的，记不住玩具放在哪里了！""我家孩子做事毛毛躁躁的，出门不是忘了穿袜了，就是忘了带水壶！""我家孩子从小就是一个马大哈，这可怎么办呢？"

孩子做事马虎大意、丢三落四，这是普遍困扰家长的问题。一位朋友曾向我述说自己的烦恼：自家孩子宁宁5岁，上幼儿园大班了，是个活泼开朗、非常惹人喜爱的小男孩。可就是有一个缺点——做事情马虎大意，总是丢三落四。在家里，把玩具到处乱扔，不是找不到汽车就是弄丢了小玩偶。在幼儿园，不是画画忘记涂颜色，就是写字笔顺不对。

六一儿童节，老师嘱咐孩子们带上自己小时候的照片，给小朋友们分享小时候的趣事。朋友帮宁宁准备好一沓照片，放进他的小书包。可宁宁却非要拿出来看看，说是看看自己可爱不可爱。朋友知道宁宁做事马虎，便特意提醒："宁宁，看完照片，一定要放进书包哦！"

"好的，我知道了。"宁宁嘴上答应得痛快，却没放在心上。看完照片，他就随手放在堆放玩具的盒子里。第二天，朋友简单地收拾了一下，就准备送宁宁去幼儿园。出门前，因为不放心又检查了一下书包，果然发现照片并未放进小书包。

朋友问："宁宁，照片呢？不是让你放进书包了吗？"

宁宁一脸蒙，说："我不知道放在哪里了。"

朋友一听就生气了，说："你这孩子，丢三落四的。真是一个马大哈！快想一想，到底放哪里了？"

可宁宁哪想得起来，无奈朋友只能在他房间里翻找，十多分钟后，终于在玩具箱里找到了照片。虽然家人时常说男孩子小时候都这样，长大了便不会再马虎大意，可朋友还是为此伤透了脑筋，想办法解决这个问题。然而，尽管她多次提醒，反复强调，可似乎并没有什么效果。朋友不禁和我抱怨："难道真的只有孩子长大了，这个问题才能有所改善吗？"

当然不是！我对朋友说："若是真的认为这样，任由宁宁继续马虎下去，恐怕就会害了孩子。孩子做事马虎、丢三落四，是因为缺乏条理性和逻辑性。因为条理性差，大脑里一片混乱，做事便会毛毛躁躁、粗心大意。因为逻辑性差，没有清晰的步骤，做事便会丢三落四。如果你和家人放任不管，不仅会影响他的生活，还会影响日后的学习，甚至给整个人生带来不良影响。"

千万不要觉得这是危言耸听。事实上，条理性和逻辑性直接决定孩子的专注力、思维能力，如果孩子不改掉做事马虎大意，没有条理性的坏习惯，就会导致做事注意力不集中，做事没计划、思维混乱等问题。

那么如何培养孩子的条理性和逻辑性呢？

其实，这也不是什么难题，只要家长能够让孩子学会做家务，减少包办代办，让孩子尽早学会自我管理就可以了。比如，让孩子保管自己的玩具：玩时，从玩具箱里拿出来，不玩时，按顺序放进盒子、摆放好；自己收拾衣服，叠放整齐，放进衣柜里；帮妈妈摆放碗筷、收拾房间；等等。这些家务虽然简单，但不仅可以锻炼孩子的动手能力、自理能力，还可以培养其条理性。

当然，让孩子做家务时，家长还应该好好培养孩子的逻辑性，引导他按照某一顺序来做事。比如，擦地板、擦桌子，教孩子由左往右擦，而不是没有顺序地乱擦；收拾玩具，按顺序一个个摆好，而不是胡乱堆在一起；收拾衣物，要按照步骤来，不要着急，不要手忙脚乱。

同时，家长应该从小培养孩子良好的生活习惯。比如出门前清点要带的物品，玩具要放回原处，东西要分门别类，做事不能三心二意，不能一边看电视一边玩玩具……类似生活习惯的养成，对于孩子培养条理性和逻辑性是非常有帮助的。

敏敏是我的一个学生，做事比大一些的孩子还要有条理性，从来不会丢三落四。这与她妈妈从小对她的培养有关。敏敏3岁时，妈妈就教她做一些简单的事情。比如，把自己的小袜子叠起来，放进专门的柜子里；准备一个专门的大柜子，里面摆放敏敏的布娃娃，一个小柜子，里面摆放敏敏的小发夹、头绳。布娃娃、小发夹、头绳都是分门别类地摆放，玩够了、使用完了就及时放回原处。

敏敏5岁时，妈妈让她帮忙做一些简单的家务：打扫自己的小房间，整理自己的小被子。8岁时，敏敏可以帮妈妈做很多事情，洗碗、扫地、擦玻璃，可以很好地管理自己，安排好自己的学习与游戏的时间。

所以，家长千万不要觉得孩子还小，长大后就不会丢三落四或马虎大意。任何行为习惯都是从小培养的，做事有条理性、有逻辑性也是如此，而且越是尽早培养，孩子在各方面发展就更好，长大了也就更有优势。

给孩子成长的机会，尽早让孩子学会管好自己。当孩子一点点进步时，马虎大意的毛病自然就改了，做事的条理性自然就形成了。

孩子散漫拖延，抓住病因是治疗关键

家长总是嫌弃自家孩子做事慢，散漫拖延。"叫你起床，怎么这么困难？过一会儿，过一会儿，这都多长时间了，你还赖在床上？""做事慢慢腾腾，就像一只小蜗牛，真是急死人了！""你看看别的小朋友，和你一样大，做事多干脆利落，一点都不散漫拖延！"

于是不管做什么事情，吃饭、穿衣、走路，或是写作业，他们都会在一旁不停地催促。"快点，快点，不要磨蹭了！"或许这些家长的想法很简单，多催促几次、多教训一下，孩子的效率就会提升了，做事就不会拖拖拉拉了。

然而，他们似乎走入一条教育孩子的岔路——没弄清孩子散漫拖延的原因是什么，只是一味地抱怨和催促。希望小小的孩子，和大人一样，做什么事情都跟上大人的步伐；只要自己多教育教育，孩子多努力努力，就可以突飞猛进。

殊不知，这种心态却是急躁的，甚至是急功近利的。这些抱怨、催促、强迫会让孩子乱了自己的节奏，失去自己本来的样子，心理承受巨大的压力。这压力无疑会让孩子向两个方面发展：一是慢慢地麻木，把家长的催促当作"耳旁风"，嘴上说着"嗯，知道了"，实际上继续慢腾腾；一是乱了自己的做事步伐，开始变得毛躁、随意，最后什么事情也做不好。

诗雨是和我家孩子一个幼儿园的小伙伴，5岁的时候已经有了一定的自理能力，可做事都慢腾腾的。每天早上妈妈做好了饭，叫她起床、洗脸刷牙，她都会不紧不慢的，起床花5分钟，洗脸刷牙花10分钟。爸爸妈妈已经吃完了早饭，她才吃了一半。妈妈着急上班，就在一旁一直催促，可诗雨好像没听到一样，不仅没加快速度，反而更慢了。

上幼儿园的路上，妈妈在前面健步如飞，可她却在后面慢悠悠地走，还有心思看路旁的花。妈妈在前面一边走一边催促："快点，快点，你怎么这么慢？！要是再不快点，我们就都迟到了。"见她没有加快的迹象，妈妈就会揪着诗雨的衣服，迫使她加快脚步。送孩子上幼儿园时，我就遇到几次类似的情况。

一天早上，我又遇到诗雨妈妈不断地催促着，然后诗雨的情绪也失控了，大声喊道："我也想快一点，可就是快不了啊！我是小孩子，又不是大人！"见诗雨如此，妈妈更生气了，"你就是故意的，每天做事都这么磨蹭，还有脸发脾气吗？你看看别人，为什么不会这样？"

之后，诗雨的速度是快了些，基本能跟上妈妈的步伐。妈妈很满意诗雨能改掉坏习惯，可她不知道的是，诗雨内心非常痛苦，她拼命地让自己快一些，可这根本不符合自己的节奏啊！她每天都很累，可又不能和妈妈说。

最后，诗雨的情绪越来越糟糕，心理压力越来越大。在这种压力的影响下，她产生了逆反心理，不再听妈妈的话，不再强迫自己，又恢复了之前的散漫拖延。更重要的是，她开始故意和妈妈作对，妈妈越是催促，她便越磨蹭。

事情为什么会发展到这个地步？其实，就是因为诗雨妈妈没有弄明白孩子做事拖延、磨蹭的原因是什么，只是凭借自己的主观臆断去判断，认为孩子是故意磨蹭，然后就一味地催促、训斥。

可诗雨并不是故意磨蹭的，她做事慢、拖延，只是因为做事不熟练，没掌握相关技能，遵循了自己的节奏和步伐。一个五六岁的孩子，即便有自理能力，可做事还是不熟练的，又怎么能要求她和大人一样高效、迅速呢？

我曾在网络上看过一首诗歌，名叫《牵着一只蜗牛去散步》，不知道大家有没有看过。现在我分享其中一段：

上帝给我一个任务，

叫我牵一只蜗牛去散步。

我不能走太快，蜗牛已经尽力爬，

为何每次总是那么一点点？

我催它，我唬它，我责备它。

蜗牛用抱歉的眼光看着我，

仿佛说："人家已经尽力了嘛！"

我拉它，我扯它，甚至想踢它。

蜗牛受了伤，它流着汗，

喘着气，往前爬……

这诗歌里，说的不就是催促、打骂、训斥孩子的家长吗？看着行动缓慢的蜗牛，内心充满抱怨和责怪，然而看不到孩子的努力、伤心、痛苦。试问，在这样的情况下孩子又怎么能快乐并健康成长？

想要让孩子改掉散漫拖延的坏习惯，家长要做的不是催促、抱怨，这只会让孩子痛苦、难过。我们需要做的是，让孩子把自己的感受说出来，了解孩子出现这样行为的原因。事实上，大部分五六岁的孩子，散漫拖延都不是故意的，有的因为做事节奏慢、遵守了自己的步伐，有的因为没有时间观念，有的因为不能控制好自己。还有一部分孩子，是因为缺乏做事的能力，对家长有严重的依赖——孩子一磨蹭，家长就代劳、包办，让孩子失去了尝试的机会，结果越来越磨蹭。

　　找到了原因，接下来的事情就好办多了。孩子有自己的节奏，我们就应该尊重和接纳，多给孩子一些耐心，而不是强迫或催促他，甚至拖着他向前走。过多催促，一味指责，就可能得到一个真正拖沓、散漫的"熊孩子"。

　　孩子没有时间观念，家长应该教会孩子认识时间、合理安排时间，并且努力做到有计划、有条理。必要的时候，还可以让孩子尝尝磨蹭、拖延的"苦果"——让孩子迟到一次，接受老师的批评；给予一定的惩罚，取消原本的出行计划。

　　同时，即便孩子行动慢、做得不好，家长也不要代劳，多给孩子机会，多让孩子尝试。孩子掌握了相应的技能，做事熟练了，节奏自然就快了。

孩子任性撒泼，"冷处理"效果不错

时常看到这样的情形：

商场里，孩子拉着妈妈的手要求买玩具，遭到拒绝后，便坐在地上大哭大闹起来，甚至在地上打滚；吃饭时间到了，孩子非要看动画片，妈妈耐心地劝了好几次，孩子就是一动不动，于是妈妈便关掉电视机，这下可捅了马蜂窝，孩子立即放声大哭，一边哭闹还一边踢打着妈妈……

面对类似的情形，家长们可能采取两种截然不同的方式：一是溺爱、纵容孩子，然后无条件地满足；一是脾气暴躁地对孩子动粗，当众打孩子一顿。可事实上，这两种态度都不能解决问题，只会从负面强化孩子的任性撒泼。

孩子稍有不顺心，就任性地大哭大闹，其实只是为了得到心理满足而已。孩子虽小，可除了吃饱穿暖，还有很多心理需求，当心理需求得不到满足，又不能适当地表达情绪时，就会选择大发脾气、大哭大闹来宣泄。

如果家长过于溺爱，一看到孩子哭闹，就各种迁就、袒护，那么孩子就会把哭闹当成武器，并且一直用它来操纵家长。另一方面，如果家长过于严厉，随意对孩子动粗，那么就会伤了孩子的自尊心，激起他的逆反心理，让他变得越来越任性，反复用哭闹来表达自己的抗议。

所以，最好的办法是冷处理。孩子撒泼、大哭大闹时，家长要冷静下来，不要乱了自己的节奏，冷落孩子一段时间。然后，等孩子情绪平复下来，再和孩子讲"你这样是错误的"或"我刚才因为……不满足你"。

前段时间，在商场里看到一家人正在给孩子的爷爷买生日礼物，开始妈妈和孩子说："这次我们的任务是给爷爷买礼物，你不能要任何玩具哦！"孩子痛快地答应了。可当他看到一个超级飞侠时，就赖在那里不走了，非缠着妈妈给自己买。

妈妈耐心地说："我们不是说好了，今天不能买玩具……"可还没等妈妈说完，孩子就哭闹起来，"我就要买，就要买！"爸爸也来劝说："乖宝贝，我们下次再买，好吗？"

可谁知这个孩子根本不听劝，坐在地上开始大哭大闹，引来很多人侧目。孩子爸爸觉得很尴尬，便对妈妈说："这东西又不贵，孩子想买，就给他买吧。你看他在这里大哭大闹的，实在太丢人了！"妈妈并没有妥协，没有抱着孩子哄，也没有批评或训斥孩子，而是采取冷处理的方式。

妈妈很平静地说："你哭闹是不行的，我不会因为你哭闹就答应你的要求。现在我和爸爸在一旁等你，你哭完了，我们就给爷爷买礼物去！"说完，孩子妈妈便拉着爸爸离开，站在3米远的地方观察。

开始这个孩子还拼命地哭闹，一边哭一边大喊"我就要超级飞侠"，过了一小会儿，哭声就变小了，还一边哭一边偷偷观察爸爸妈妈。爸爸妈妈就在一旁聊天，没有看他，也没有理他。再过了一会儿，孩子发现根本没人理他，便抹了抹眼泪，站起来跑到爸爸妈妈身边。

这时，妈妈蹲下来，拥抱了孩子一下，然后说："我们出发前是不是商量好了？目的是给爷爷买礼物，你不能买玩具，对不对？"孩子点了点头。妈妈继续说："我们已经商量好了，就要说话算数。你不能因为想要超级飞侠就哭闹，也不能说话不算数。对不对？"孩子又点了点头。妈妈又继续说："我知道你是乖宝宝。如果你真的喜欢超级飞侠，家里又没有这个玩具，妈妈下次再给你买，好吗？"经过妈妈的劝说，孩子的情绪逐渐好了起来，高兴地点了点头。

这就是典型的冷处理。

可以说，这位妈妈是一个聪明的家长，合理又轻松地解决了孩子任性撒泼的问题。当孩子因为被拒绝而哭闹时，妈妈没有无条件地满足，而是不迁就、不动怒，冷静地和孩子说明不能买的原因。然后，妈妈明确地告诉孩子，哭闹是不行的，我不会因为你哭闹就答应你的要求，让孩子知道任性是没用的。接下来，妈妈便不理睬孩子，任由他发泄情绪。最后，等孩子情绪稳定后，妈妈再和他讲道理，再次说明不满足他的原因。

更重要的是，这位妈妈采取了延迟满足孩子的方法，这样不仅能让孩子学会等待、控制自己，还能满足孩子的心理需求，不至于让孩子太失望、感受不到爱和关心。我相信一段时间后，这个孩子便会改掉一不顺心就大哭大闹的坏习惯。

当孩子任性撒泼，稍有不顺心便大哭大闹时，冷处理是最好的选择。一次，两次，三次……时间一久，孩子就会发现哭闹并不能"吃到糖"。想要"吃到糖"，自己就应该控制情绪，适当、合理地表达自己的需求。

当然，我希望家长们注意一个问题：冷处理不等于冷暴力。孩子明明很伤心、很害怕，家长却视而不见，冷处理就会演变为冷暴力；孩子的需求是合理的，家长却严厉地拒绝，就是漠视孩子需求的冷暴力；留下孩子一个人在哭泣，家长不是在一旁观察，而是真的离开，把孩子一个人丢下，就是冷暴力。

冷暴力对孩子的伤害是巨大的，会让孩子产生不安与恐惧，让孩子感觉家长是不爱自己的，从而影响其健康快乐地成长。

孩子搞破坏，让他在安全范围内探索

人天生就有攻击性和破坏性，这一点在孩子身上体现得淋漓尽致。2到3岁这个阶段，原本乖乖的孩子就变成了麻烦制造者，稍微不注意他就把家里搞得一片狼藉。喜欢撕纸，好好一卷纸抽，被他撕成一条条的；喝牛奶，故意弄洒一桌子，还涂得满脸、满身都是；打开妈妈的化妆品，涂在镜子上、脸上、桌子上；新买的小汽车，没玩几天，就被他拆了……

面对这样的情景，相信很多家长都会抓狂，气得拉过孩子就打一顿小屁股。但是，我劝你千万保持冷静，最好不要这样做。因为孩子搞破坏是成长期的正常现象。

好奇心是很多事情的源头，孩子搞破坏，其实就是来自他那颗强烈的好奇心。接触到一些新鲜的东西，他就会产生兴趣，然后想一探究竟，不是把它拆掉，就是胡乱按一通，或是撕一撕、捏一捏、摔一摔。

换一个角度来说，孩子喜欢这样搞破坏，对成长是非常有利的，只要我们适当地引导和支持，他会更喜欢探索、尝试。而这对孩子大脑、身体的发展是有好处的，会促使他更健康地成长。相反的是，若是家长一味地阻止，认为孩子顽皮、不懂事，得到的结果也只有一个——剥夺他的乐趣和探索欲，让他变得木讷、呆板，不敢或不愿再去探索。

我见过一个喜欢搞破坏的男孩闹闹，总是把家里搞得乱七八糟的。妈妈给他买了几本故事书，他却一张张撕下来，叠成纸飞机，扔得满地都是。在外面随便捡几个瓶子、树枝，然后不停地倒腾，随意乱扔。妈妈跟在后面捡废纸、瓶子、树枝，好不容易收拾干净，他一会儿又弄得乱七八糟。

闹闹还喜欢拿着铅笔、彩笔在墙上、衣服上、沙发上乱画，尽管妈妈多次严厉地对他说"不许再乱画了"，可一转身他又开始在自己想画的地方乱画一气。

在幼儿园也是如此，小朋友刚搭好一个积木，刚想展示给老师看，他小手一伸就给人家推翻了。看着散落的积木，哭泣的小朋友，他却笑得很开心；他喜欢玩水，每次洗手时都会用手堵住水龙头，然后让水滋得满地都是，还会故意用水来滋其他小朋友。

每天幼儿园老师都会向闹闹妈妈告状，说他就是一个捣蛋鬼、破坏大王。而这个时候，妈妈只能无奈地和老师道歉，回到家再好好地教训他。为了制止闹闹的这种破坏行为，妈妈决定不再纵容，只要发现他的行为一过界就会严厉地批评、训斥，有时还会罚站、不许吃饭。

一段时间后，妈妈的管教果然有了成效，闹闹老实了很多，不管在家还是幼儿园都不再搞破坏。可慢慢地，妈妈发现闹闹好像变得木讷了，对什么事情都不感兴趣，什么也不愿意做。妈妈给他买了益智玩具，他看都没看就放在一旁了；幼儿园老师让小朋友们做手工、绘画，可闹闹的兴趣也不大。此时，闹闹妈妈才后悔不已。

可悲的是，生活中很多家长和闹闹妈妈一样，对于孩子的破坏行为，他们是厌恶的、带有偏见的，认为做出这种行为的孩子就是在胡闹、在给自己找麻烦。于是，错误的认识让他们采取了错误的教育方式，也导致了错误的结果。

孩子爱搞破坏，就是因为好奇心。他拆玩具、胡乱涂鸦、撕掉书本折纸飞机、用手堵住水龙头……这一切都是在做"科学的探索"，目的是满足自己的好奇心，探索这个东西究竟为什么会响、会跑，验证这个东西是否和自己想的一样。

如果家长不想扼杀孩子的好奇心和探索欲，最好不要随便阻止或限制，而是要在保证安全的情况下，给予最大的包容、支持，然后引导他自由地探索。同时，我们要及时给予孩子肯定与赞扬，当他得到家长的肯定时，就会非常高兴，认为自己得到了尊重和认可，从而更加想去探索。

除此之外，我还建议大家一起参与孩子的搞破坏行动，毕竟孩子的年龄还小，动手能力弱，思维能力也有所欠缺。家长参与到孩子的活动中，引导他安全地拆卸、观察玩具为什么会响会动，再引导他重新把玩具组装起来；和孩子一起涂鸦，提供合适的涂鸦场所，比如一块独立的涂鸦墙、一块黑板，和孩子一起创作。这样，不仅可以引导孩子合理地、自由地搞破坏，还可以增加亲子互动。

当然，我不是提倡纵容孩子，对孩子一些故意、存在危险的破坏行为视而不见。虽说孩子的好奇心和探索欲能促进孩子的身心发展，如果没有正确的引导和约束，那么孩子就不知道什么是对什么是错。等他稍大一些时，这些无意识的破坏便会演变为有意识的破坏，甚至是情绪的发泄。

正因为如此，我们应该给孩子定规矩，若是一些东西非常贵重，或具有特殊意义，家长应该明确告诉他——这是不能拆的。另外，家长也要明令禁止孩子接触危险品，比如剪刀、电源插座、煤气等。若是发现他因为闹情绪而故意摔东西、拆东西，家长应该给予严厉的批评，指出错误，引导他积极改正。

孩子的成长是需要呵护的。作为家长，我们的态度应该是鼓励、关爱和引导，应该是尊重和欣赏。探究孩子的心理，满足孩子的好奇心和探索欲，引导他安全、自由地探索，这样孩子才能顺利度过破坏敏感期，成长为更健康、更聪明的孩子。

孩子缺乏约束力，用他能接受的方式引导教育

"无规矩不成方圆"，这句话人人都听过，可显然这句话对孩子来说，没那么有效。他们不管你定不定规矩，想做什么就做什么，便是自由；受父母控制，这个不能做那个不能做，便是不自由。

对于家长为自己量身定做的规矩，一开始他保持着新鲜感，愿意配合、遵守。可没过多久，一旦这种新鲜感不在了，便又像脱了缰的马儿一样，肆意地撒欢起来。他不受规矩约束，不受父母控制，尽管父母多次强调、教训，甚至惩罚，仍然我行我素。

我家小区有一个叫盼盼的男孩，6岁左右，平时很顽皮、贪玩，每天放学后都会在公园里玩一会儿再回家。开始盼盼妈妈觉得孩子玩一会儿没什么，毕竟上学累了一天，放松一下也是好的。可盼盼似乎不理解妈妈的一片苦心，这一玩就上瘾了，一两个小时都不愿意回家。妈妈催促他，他便说"过一会儿，过一会儿"，可这一会儿就是半个小时，甚至更长时间。

贪玩、回家晚，导致晚上作业很晚才写完，睡觉也拖到10点多。然后就是一连串的负面影响：起床晚，时常迟到，上课没精神，成绩下降……为了改变这种现状，妈妈给盼盼定了规矩：每天放学只能玩半个小时；回家后先写半个小时作业，然后再吃饭；9点半前上床睡觉。

规矩定好了，开始几天盼盼也遵守了，可不到一周的时间，他就把规矩推翻了。一天放学后，盼盼和妈妈路过公园，看到几个同学正在踢足球，盼盼便立即加入其中，痛快地奔跑起来。半个小时后，妈妈喊盼盼回家，可他却再次说"我再玩一会儿"。碍于在公共场合，妈妈没再说什么，结果一个半小时后，几个孩子才因为玩累了，各自回了家。

一回到家，妈妈便生气地说："玩玩玩，你就知道玩！之前定好的规矩，难道你都忘了。以后再这么晚回来，你就在外面玩吧，不要回家了！""以后再也不允许你在外面玩了，放学后，必须马上回家！"盼盼想要争辩，可妈妈并没有给他这个机会，说："这是对你的惩罚，谁让你不守规矩！"

之后，盼盼都按时回家，可回家之后他又能守规矩，好好学习吗？当然没有。回到家，他也是先开始玩，要不就是打开电视看动画片，经过妈妈多次催促之后才回到房间，然后一边玩一边写作业。

面对妈妈的批评和训斥，盼盼心里总是想："怎么了？我玩一会儿怎么了？哼，你越不让我玩，我就越偷着玩，你能把我怎样？"于是，盼盼更加贪玩了，有时还有些小叛逆，故意和妈妈对着干。

孩子终归是孩子，他们的自制力是比较差的。因为自制力差，时常会忘了规矩，时常无法约束自己。这个时候，家长要用孩子能接受的方式引导，让孩子心甘情愿地往正确的方向走。给孩子制定出条条框框，并妄想用这些条条框框来强硬地控制他们，迫使他们改变自己的想法和行为，当然是行不通的。

家长的不当做法，很容易让孩子产生逆反心理。而一旦有了逆反心理，他就会变得我行我素，只要一遇到不合自己心意的事情就排斥，只要是家长说的事情、定的规矩，他就会故意反对及反抗。

回想一下我们自己小时候，面对一堆规矩、约束，是不是也不愿意守规矩、不愿被约束，然后总是不自觉地反抗？一旦家长采取强硬的态度，我们内心就会很不爽，然后就会故意和家长唱反调？既然如此，为什么还把同样的痛苦施加在自己孩子身上呢？

我始终认为，与其强迫孩子遵守条条框框，不如耐心地和他交流，采用引导式的沟通方法。还拿盼盼为例，孩子贪玩，盼盼妈妈可以定一个规矩，盼盼一开始守规矩时，应该立即给予夸奖和鼓励，让孩子产生自豪感。

当盼盼玩在兴头上，提出"等一会儿"时，妈妈应该明确地说："你可以再玩15分钟，这期间我不会催你。不过，我会定一个闹钟，时间一到，我们就要回家，可以吗？"相信，盼盼这个年纪的孩子是懂事、懂规矩的，可以讲得通道理。闹钟响起来的那一刻，他会按时回家。我就遇到很多孩子，当妈妈提出这样的要求时，他们会心甘情愿地守规矩，按照要求去做。

若是孩子按照规矩和要求去做，家长还需要提出表扬和鼓励："嗯，不错，今天你遵守了约定，值得表扬。"这样的鼓励和引导，目的是让孩子形成一定的自律习惯，然后能自觉地约束自己。

同时我们需要明白，想要孩子完全自控，控制爱玩的天性和欲望，那是不可能的事情。但只要孩子有一点点进步，那么家长就不应该急躁，反之应该多给孩子一些时间和空间，有效地引导孩子，让他提高约束力、自控力。

除此之外，孩子天生就具有反抗性，在培养约束力和自律性时，这一点会成为最大的拦路虎。而且，孩子年龄越大越有主见、越叛逆，对于他不认可的事情，不但不会执行，还可能故意破坏。这个时候，家长就应该给予适当的惩罚，让他知道自己错在哪里，大人的底线在哪里。惩罚不是最终目的，目的是让孩子正视自己的错误，并一步步做出改变。

教育，其实就是家长与孩子的"博弈"。在这个过程中，引导是优于强制的，沟通是强于控制的。用孩子能接受的方式定规矩，引导孩子遵守规矩，那么培养孩子的良好行为就不会那么难了。

第七章
社交意识敏感期：
引导孩子和谐融入自己的小群体

　　社交意识的萌芽，是孩子真正接触外界环境的开始，也是刷新自我的过程，父母在此阶段需要做的是如何正确引导孩子和谐融入自己的小群体之中，此时的很多体验，都会直接影响到未来的社交行为。

营造良好开端，角色扮演助孩子完成社交技巧训练

突然有一天，粘着你的小宝贝开始乐于寻找小伙伴了；突然有一天，粘着你的小宝贝喃喃自语玩起过家家了；突然有一天，粘着你的小宝贝开始评价其他小朋友了……此时，你应该意识到，小朋友的自我意识已经觉醒，他们可能进入了社交意识敏感期。

幼儿在3到6岁，就会进入社交意识敏感期，他们会时不时流露出对社会的关心，不会再像以前一样眼中只有爸爸妈妈，他们开始试探着自己去处理事情、去交朋友、去物品交换、去评价等。此时，社交意识开始形成，很多孩子长大之后的某些社交行为都是受这个时期的影响而造就的。

因此，当孩子进入此敏感期后，父母应该在孩子孤单的时候多加陪伴，在孩子与小伙伴一起玩的时候勇于放手。

我最近常常下班后与孩子在楼下玩一会儿。我家孩子现在正处于社交意识敏感期中，因为他从小是我一手带大的，而且因为我工作属性的原因，他很少能有大把的时间与小朋友一起玩，所以他的自我意识觉醒得比较晚。

这种情况下，我每天拿出两个小时的时间陪他到楼下玩，让他接触更多的小伙伴。最初带他下楼玩时，小区花园里有很多孩子跑来跑去，但是他的身影却是孤单的，我很为他着急，也暗暗观察原因。

　　观察之后发现，他寻找小伙伴的心还是很迫切的，他会不停地找一些同龄的孩子问："我可以和你做朋友吗？"有时得到"可以"的回答后，他会表现得异常活跃。但是，毕竟是从小一直粘在我身边，他的个性会有些"自我"，总想成为人群的中心人物，特别喜欢指挥小伙伴。但是那几个小朋友已经玩得很好了，突然插进来一个人，一起玩可以，但要是成为他们的"头儿"还是无法接受的。

　　于是，他在与小伙伴的分分合合中寻找着最适合自己的位置。晚上回家后，也会跟我抱怨。"小朋友都不听我的话。""有几个小朋友不和我玩。""下楼玩太没意思了，不如在家画画。"

　　看他可怜的样子，我便给他出了主意："你可以穿着轮滑鞋或者骑着平衡车下楼，如果有小朋友你可以和他们一起玩，如果没有你也可以自己玩。"

　　他便穿着轮滑鞋下楼了，而且正好碰到几个大孩子在练轮滑，他主动地参与了进去，速度赛、花式轮滑等他玩得不亦乐乎。晚上高兴地对我说："妈妈，我发现我不是交不到朋友，而是一直没有遇到有相同爱好的人。"

　　我心里觉得很好笑，一个6岁的小朋友居然能做出这种总结，又觉得很欣慰，因为他已经找到了一种交朋友的好方法。

　　之后，他除了与几个大孩子练轮滑外，还拿着"奥特曼卡"吸引了几个小跟班，用玩具枪结识了几个"吃鸡伙伴"。最有趣的是，他竟然"利用"我的身份结识了几个初中的哥哥姐姐，让我帮哥哥姐姐辅导心理，那几个人也把他宠上了天。

　　其实孩子的潜力是无穷的。之所以一开始那么孤单，完全是因为我在他社交意识敏感期的前期没有给他充分的机会，孩子的敏感期是无可复制的，在对的时候做对的事是父母给孩子最好的礼物。

　　楼下的一个年轻妈妈这一点就做得很好，她虽然是一个新手妈妈，但是却十分合格。她今年25岁，孩子5岁，虽然没有读过大学，很早就结婚了，在最美好的青春年华中有了孩子，并且做了全职主妇，但是她对孩子的用心和对生活的热爱是至今我见过最令人赞叹的。

有时候忙起来，我会把孩子送到她那里，两个孩子年龄相仿，在一起玩也很合适。我每次接孩子时，常常看到的情景就是她与两个小朋友在一起嬉笑打闹。儿子回来也常常会给我描述阿姨多好。后来我干脆搬着电脑到她家，一边工作，一边观察这位阿姨有多好。

一个上午，她上演了一幕幕的童话剧：小朋友都有自己的角色，台词任意，一唱一和有趣极了；下午，她又与两个小孩子开始了过家家，超市收银、银行存款、医院看病……无所不有，两个小朋友与她在一起像极了同班的小伙伴。

我终于明白，为什么她家的小家伙虽然比我家孩子小一岁，却可以应对各种复杂的事情。在他们的游戏中，有小朋友抢零食的应对，有捡到东西该如何处置，还有遇到坏人的自救，等等。没有这些角色扮演的游戏，怎么可能有现在遇事冷静的小朋友呢？

其实很多时候，孩子之所以遇事慌乱是因为他们从来没有经历过。小到幼儿园的争执，大到以后的校园霸凌，再到进入社会的社交恐惧，不都是因为遇事无法处理造成的吗？处于社交意识敏感期的孩子最爱玩的游戏就是角色扮演，也就是我们小时候的"过家家"，很多性格与处事方法就是在这种角色扮演游戏中形成的，但很多父母却往往忽略这一点，用成年人的眼光与思维去评判，不适当地制止甚至终止孩子的体验。

比如，当你的孩子与好朋友拿着玩具相互交换时，你会怎么做？我曾经听到一位孩子的奶奶说："你是不是傻，他那个不值钱，我们这个多值钱！"再比如，当孩子玩过家家，你的孩子叫另一个孩子叔叔时，你会怎么做？有些父母会一把拽住孩子说："你笨呀，让人占你便宜？"

这样的例子数不胜数，因为成年人的思维方式与孩子的思维方式是不同的。回忆下我们的童年，不也做了很多这样的"傻事"吗？为什么现在孩子再做时你却要强硬制止呢？用孩子的心态去理解孩子，孩子也有自己的思维，在不妨碍自身安全的情况下，不妨放手让孩子去玩。这种角色扮演的游戏，其实就是社交行为的开始。

引导孩子学会合理控制和释放愤怒情绪

孩子的自我意识形成后，情绪性格也进入了塑造之中。简单来说，此阶段孩子的脾气还处于形成阶段，有些有缺陷的性格也可以在此阶段进行修正，特别是一些脾气暴躁、张扬跋扈的性格，此时父母要帮助孩子进行调整，引导孩子学会合理控制和释放愤怒的方法，此时的修正会在很大程度上影响后期孩子性格的形成。

对于幼儿，我最常见到的就是父母或者老人带着孩子来找我，他们都一脸担忧，或者是急得面红耳赤。比如，去年我曾经遇到过这样一个孩子：

这个孩子是个小男孩儿，我们暂且称他为小火吧。因为那火爆的脾气，是我见到所有脾气中最爆的。

小火是由奶奶拽着来的，小脸憋得铁青，一进门就冲我喊："我讨厌你！"奶奶赶紧解释说："我跟他说你这样老发脾气不行，奶奶找个阿姨给你看看。对不起，对不起。"我向奶奶点头微笑，看来小火就是典型的幼儿叛逆期的高风险儿童了。

我给他找了几样玩具，他抓起一个扔一个，最后选了一把小手枪，冲着门外比画着。其他玩具被他丢得到处都是，奶奶就在后面收拾。

之后，小火玩累了在沙发上睡着了，我才与他的奶奶进入正题。

通过了解我才知道小火小时候很乖，并没有那么大的脾气。但是妈妈又给小火生了一个弟弟，小火就被放在了奶奶这里，刚刚3岁的他脾气突然变得暴躁起来。稍有不顺心，就会大哭大闹，而且生起气来会把自己气得脸发紫，甚至有一次因为奶奶没给他买苹果，在水果店里直接哭背过气。

我问奶奶："您在他发脾气的时候做了什么呢？"

奶奶说："我就哄呀，要什么给什么。我就想，孩子可能是因为有了小弟弟，离开妈妈了在闹，那我就哄呗，多疼疼他。"

"那您哄管用吗？"我追问。

奶奶摇摇头，叹口气说："开始的时候还行，我哄他就会好一点，可后来就不行了。我不怕别的，你看他一生气就气得脸发紫，我怕他气过去呀。"

听完奶奶的描述，我大概心里已经有了答案：小火的脾气不是一朝一夕形成的，二胎事件也是其中的一个诱因，但最本质的原因是在孩子最初表达情绪时收到了错误的信号，于是他才会觉得这样表达情绪是正确的，才会愈演愈烈。

开始有情绪是孩子自我意识的觉醒，当他们表达自己的情绪时，会试探性地接收外界对此反馈的信息。小火收到的错误信号是什么，就是每次奶奶的"投其所好"。比如，如果小朋友在大笑时，你高声喝止，反复两三次后，当小朋友再大笑时就会下意识地瞟向你。再比如，小朋友因受到老师表扬而得意时，你赞叹鼓励，那么他就会认为这种情绪是对的，是受表扬的信号。

其实，无论孩子的哪一种情绪，都是由心表达的，只是有些孩子并不知道自己的情绪该如何表达。特别是愤怒的情绪，哪怕是成年人，表达愤怒的方式也是不同的。我们常常见到一些成年人，因为愤怒会有捶墙、抓头发、打脸等自残的行为，也会有摔东西、砸东西等激烈的发泄动作，更会有大喊大叫的宣泄，同样也会有沉默不语的冷战。

　　成年人的这些情绪表达方式是先天形成的吗？当然不是，但是形成这一情绪表达方式的最初阶段就是幼儿社交意识敏感期。此时的孩子还不知道如何去消化愤怒，有些孩子通过生闷气的方式来表达，像只小青蛙一样被气得鼓鼓的；有些孩子就通过打人、咬人等行为来表达。谁惹他了，他就会像小狗被惹怒一样发脾气。这些行为在成年人看起来很严重，但是其实只是因为孩子不知道如何表达愤怒的情绪而已。

　　我的一位朋友对孩子的情绪表达就很是注意，当她孩子2岁多开始出现自我意识，表达情绪时，她就对愤怒的情绪表达加以修正。

　　当孩子因为找不到合适的玩具而发脾气扔玩具时，朋友会说："宝儿，你是生气了吗？但是妈妈觉得你找不到玩具可以继续找，也可以找妈妈帮忙。但是你扔掉玩具，大发脾气，不光那个丢的玩具找不到了，你扔掉的也可能丢哟。"孩子听后赶紧开始收拾，然后朋友与孩子一起找合适的玩具。引导不是说教，而是以实际行动来引导。

　　当孩子的玩具被小朋友抢走，孩子气得像只小青蛙时，朋友说："小青蛙，你会被气炸的！是朋友抢了你的玩具吗？如果你不喜欢被抢，你可以告诉他呀。如果他还不把玩具还给你，你可以向老师求助，但是你却什么都没做，自己给自己憋成了小青蛙，而且还是一只胖得要炸的小青蛙。"幽默温柔的话平复了孩子的情绪，同时也将解决问题的方法告诉了孩子。

　　孩子之所以会愤怒，就是因为他不知道如何去解决。就像成年人，往往发脾气都是因为不知道该如何去开解自己。给孩子一把解决问题的钥匙，培养他将情绪调整到最佳状态，情绪稳定是人格魅力的一大标准呀！

言传身教，将孩子培养成一个高情商沟通者

有人说，孩子是父母的影子。言传身教是家庭教育中最重要的教育方式，家长有意识或者无意识的行为都会直接影响到孩子，特别是在幼儿擅于模仿的时期，家长的一举一动都有可能会直接投射到孩子身上。

我儿子的同学中有一个特别能说的小姑娘，小姑娘做事情特别利落，而且她"舌战群儒"时简直无人能敌。但是，小姑娘却没有得到正面的引导，在奶奶的影响下，她本来高超的语言表达能力表现出的都是霸道。

一次，小姑娘与老师吵了起来，原因是她抢了小朋友的玩具，老师将玩具还给了那个小朋友。小姑娘对老师的做法十分不满，她大声朝老师喊："老师！我喜欢那个玩具，我就要玩！"

老师说："宝贝，你喜欢可以等，小朋友放下后你就可以玩呀，不可以抢哦！"

小姑娘又喊："我爸爸说，喜欢就得去争取。我就要抢，我爸爸喜欢的东西也是抢的，我们等公交车也不能等，等着车就跑了。"

老师摇摇头，拿了另一件玩具安抚那个小朋友，结果小姑娘又开始抢，两个小孩儿发生了争执，小姑娘一把扭起了小朋友的辫子，朝脸上就是一巴掌。老师吓得抱住了那个小朋友，才制止了这场战争。

晚上，小姑娘的奶奶来接孩子时，老师将发生的事告诉奶奶，想让小姑娘的家长能帮助孩子调节下脾气。没想到，小姑娘的奶奶说："我家丫头不会无缘无故打人的，我们从来不会不讲理。再说了，幼儿园的玩具本来就是大家玩的，怎么她能玩得，我家丫头就抢不得？"

目送祖孙俩离去，老师一脸无奈，其余家长也是十分惊讶。

其实，没有一个孩子生下来就是霸道的，也没有一个孩子生下来情绪就是不稳定的。只是在他们还不具备完善的分析能力时，只能用眼睛观察世界并将世界转化给自己，孩子在社交意识初期的社交行为大都来自父母的言传身教。

我有一位情商极高的同事，他儿子的情商也十分高，从小学到高中一直担任班长一职，在大学又是学生会会长，直到现在，同事提起当年那个帅气的然然，还是不由地赞叹。

之前跟然然爸爸接触不多，今年正好有个课题，我接受了邀请才分到他们组，我发现他是一个让人无法挑错的人：镇定自若的应急处理，不急不缓的处事态度，特别是他与组里每个人相处得都十分融洽，一个能让所有人赞叹的人一定有他的高明之处。

中午休息时，他谈起了自己的育儿观，谈到脾气性格的形成时，他说："言传身教，是让孩子在耳濡目染、潜移默化中培养出良好的行为习惯。年轻时，难免冲动，不过我从来不会在然然面前发火，但我会让他知道我在生气，也会让他看到我生气想发火时是如何处理的。"

谈到与人相处时，他说："父母是对孩子影响最大的人，父母尊老爱幼，孩子便不会缺调失教（指没有教养）；父母和睦邻里，孩子便不会目中无人。我们大人对事情的处理态度往往会直接影响到孩子。比如，当有人对你蛮不讲理时，你不去争论，那孩子以后就会对一些无法用对话解决之事一笑置之。"

谈到沟通能力时，他说："其实社交话术无非就是人与人之间的对话，而对话是需要技巧的。我与然然妈妈从来不会在家因为一些柴米油盐的事争执，如果遇到问题，坐下来聊一聊，涉及然然的，也会让他参与进来。比如因为然然中班转幼儿园意见产生分歧时，我们聊了一下午，最后还是听取了然然的意见，当时5岁的他给的理由是'不想离开已经熟识的小朋友'和'新幼儿园学生素质不高'。"

说到这儿，我们不由地打断，进一步问："为什么他会觉得新幼儿园学生素质不高？"

然然爸爸说："我们去考察新幼儿园时，发现有的小朋友在园中大声喊叫、摔打玩具，老师的组织能力也偏差一些。我们因为工作调动才想把他转到距离较近的社区幼儿园，他原来的幼儿园是一个国学园，他受到的教育是不太可能接受这些小朋友的。"

这时，一位同事说："然然来过我们单位几次，他的确很有分寸感，都不像那么大的孩子，我女儿比他还大两岁，但言谈举止中然然都在让着我女儿。"

然然爸说："他不是让着，他也是有原则的。对于他不赞同的事，如果不触及原则他会选择保留态度，对于他有兴趣别人没兴趣的话题，他会尊重别人的观点，在合适的机会引入自己的话题；对于有针对性的批评，他会在权衡之后接受有效信息，过滤掉无效信息。"

之后，然然爸还谈了很多，我也思考了很多，然然的谦谦君子形象原来是受到这位教授的影响，在原生家庭的土壤中长成了参天大树。

但绝大多数的孩子，与成年人是无法沟通的。我在楼下制止我家孩子玩水时，遇到过一个小孩儿，他上前就冲我喊："你是大人了不起呀？为什么要管小孩子！"我没有说话，继续对儿子说为什么不可以下水池玩水，他似乎是怕我没听到一样，还用小手推了我一把："你孩子爱上哪上哪，你管得着吗？"

我还没有说话，儿子便转过头来对那个小孩儿说："哥哥，你不可以这样推大人，是没礼貌的。"

那个孩子转过头来，冲着我儿子做了个鬼脸："你懂什么！"然后跑开了。

这样的孩子并不少，他上前来找我的初衷是希望和我儿子一起玩水，可是为什么到最后不仅水玩不了，连我儿子也不和他一起玩了呢？这便是沟通问题，他可以过来听完我制止玩水的理由后，再说："阿姨，我觉得现在是夏天，玩水挺凉快的，而且我们会注意，不会到水深的地方去。"这才是有效的沟通。

不要因为孩子小，就放任他去随意发泄；也不要将孩子与大人的对抗，想象成孩子的不懂事；更不要将孩子的几句辩驳，当成孩子勇敢的表现。进入社会后，沟通是需要情商的，孩子也一样。在社会意识敏感期中，他们正在用各种各样的沟通方式向周围发出挑战，此时父母一定要注意，保留高效沟通，制止无效沟通，言传身教帮孩子成长。

不要以大人的视角，去干涉孩子营建自己的小群体

在我们当地有一句话叫"10岁的不跟6岁的玩"，这是因为10岁孩子的认知能力与6岁孩子已经不同了，他们会觉得6岁的小朋友很幼稚，无论从语言还是行为，都会令10岁的孩子觉得幼稚。但是，能说6岁的小朋友就幼稚吗？他们与同龄人玩得不也很好吗？

在生活中，很多成年人常常犯的错误就是以自己的视角去干涉孩子的世界，成人的三观与处事方式已经成形了，而孩子的正在形成期，如果父母以自己的思维去干扰孩子的话，首先，孩子是不能理解父母的做法的，叛逆期也会相对延长；其次，孩子的社交意识也在形成，而受父母的干扰后他们会乱了自己的脚步，对后期融入社会的影响会很大，"妈宝"、懦弱甚至社交恐惧都有可能发生。

我家孩子特别不喜欢姥姥带他玩，楼下花园大多是老人看孩子，我便让他去找姥姥，让姥姥带他出去玩。结果没有半小时，姥姥就气呼呼地把他送回来了，看儿子也是满脸的不高兴。

姥姥一进门就说："看你家孩子太难了，我都跟不上。"

儿子反驳说："姥姥，我说您在亭子里等我就好，我带着手表（手表电话）呢，渴了也会去找您喝水。"

姥姥说："行了吧，你们几个爬上爬下的，摔了怎么办？还有，你儿子让人家管他叫爸爸，你怎么教的孩子？"

儿子马上解释说："不是的妈妈，我们在玩爸爸下班了的游戏，有爸爸、妈妈还有三个宝宝。"

姥姥又说："你那样人家孩子奶奶听见不生气吗？"

我让姥姥坐下，又让儿子给姥姥拿了杯水说："妈，我知道您怕他摔着，小区里没事儿的，而且他们玩过家家呢，我们可以不用管。"

"那不行，你还不知道，和你儿子玩的那个小孩儿，一说话就上手（动手打人），回头打伤了谁管？"姥姥还是气呼呼的。

儿子说："姥姥，那个哥哥我们也不喜欢，但不是没人和他玩吗？我们也说了，如果他再打人我们就不和他玩了。"

我笑着说："妈，您看吧，孩子是可以自己处理一些事情的。如果解决不了，您可以再出马。"

在我们母子二人的劝说下，姥姥终于消气了。等姥姥回家后，儿子说："妈妈，我不想让姥姥陪我下楼了，她老是盯着我，我不舒服。"我点点头答应了。

其实，孩子的世界就应该让孩子来创造，为什么成年人非要去干涉呢？因为不相信。成年人不相信孩子能照顾好自己，也不相信他们有自己的社交圈，更重要的是总把他们当成需要被保护的孩子。孩子构建圈子的思路与社交行为你可能不太理解，但是孩子是理解的，他们也懂得去经营自己的"人脉"，懂得去选择适合自己的"朋友"，也会经营自己的小群体。

夏日傍晚，楼下花园中有许多孩子在玩，因为小区是封闭的，所以家长也很放心孩子自己玩。通过观察，小男孩儿们分了三个小团体，几乎是固定的。我家孩子在其中一个小团体中，这个团体由一个四年级的、两个二年级的、一个一年级的和我家这个幼儿园大班的孩子组成，其他两个团体的孩子也是年龄参差不齐，为什么不是同龄人一起，或者一个楼的孩子在一起呢？

我认为，他和同龄人在一起会比较放心，不会被欺负；或者跟一个楼的孩子在一起，父母都认识，有什么矛盾也好调节。但是他都没有选，最初建立那个小团体的时候只有他和那个四年级的哥哥两个人，他们俩玩了大概两三天的时间，才逐渐加入了新成员。

当时我问他："为什么你要跟一个四年级的大哥哥一起玩？找个跟你差不多大的不行吗？"

他翻着小白眼说："妈妈，我交什么样的朋友我自己知道的，跟我差不多大的小朋友太幼稚了。"

是呀，孩子自己交的朋友我为什么要去说三道四呢？之后，有两个小孩儿，他们分分合合的，两个小孩儿也在几个小团体之间犹豫不决。我问儿子原因，他告诉我："他们两个是墙头草，又想跟我们玩，又想加入那个队伍，其实他们这样做我们两个队伍都会讨厌他们的。"

"为什么？"我追问。

"妈妈，你会喜欢一个说话不算数的人吗？"儿子问。

"当然不会！那是诚信，一个没诚信的人谁都不欢迎的。"我说。

儿子点点头，说："是呀，他们就是说话不算数的人，我们说的话他们答应了也不会兑现。"

我不由暗暗吃惊，但也很欣慰，我想他将来与人交往时一定会将诚信看得很重要，自己也一定是讲诚信的人。

几周后，他的小团体固定了，虽然三个小团体有时候玩的游戏是相同的，但是他们也不会一起玩，我又问儿子原因。

儿子说："因为我们脾气不合（脾气性格不合）。"

"为什么呢？你怎么知道脾气不合呀？"我追问。

儿子看了我一眼，说："妈妈，你是要考察我们吗？那我详细给你说说。大哥哥性格好，他从来不会欺负我们；二哥哥特别聪明，我们所有的游戏都是他想出来的；剩下的我们几个也是，大家都是相互喜欢的。而且，妈妈我偷偷告诉你，张浩（另一个团体他认识的小伙伴）的队伍里有一个特别爱动手的人，一点礼貌没有。"

"那另一个呢？为什么不去小雷他们那里，跟你年纪也差不多？"我指了指第三个团体中的一个小孩子，他们是幼儿园的同学。

"小雷他们几个太小了，玩不到一起去。"他不屑地回答完后就又跑去玩游戏了。

我才发现，原来他们心中都有一杆秤，可以评判自己的喜恶，他们虽然小，但也有了初步的判断能力。有时候成年人对孩子的那种关切，是孩子不喜欢的，他们最初的社交活动就是从交朋友开始，父母如果过多地参与其中，他们的头脑便不会再那么明晰。简单来说，不要去干扰孩子的游戏活动，只要开始与小伙伴接触，孩子的社会活动就拉开了序幕。

给孩子一个自主的空间，孩子不喜欢画好的线，也不喜欢父母总打着"为你好"的旗子去干扰自己的生活，据调查，在幼儿时期父母的干预程度与孩子青春期的叛逆度是成正比的。不要以自己的眼光去评判孩子的世界，让孩子拥有一个可以自由发挥的地方，营造一个自己的小团体吧。

帮助孤僻的孩子主动去搭建自己友谊的桥梁

"别老跑后边去，过来叫人，来叫叔叔。"妈妈使劲儿拽着藏在身后的孩子说。

"你为什么不出去玩？让你出去不出去，出去了连个朋友都没有，那就别出去了。"爸爸对宅在家的儿子说。

"我没有朋友，他们都不喜欢和我玩。"一个孩子伤心地垂着头说。

怕生人、宅家、没朋友等都是孩子孤僻的表现。其实这些孩子之所以会有这样的情绪和表现，离不开社交意识敏感期时的影响。此时，孩子孤僻的性格已经形成了。但父母可能不会去考虑孩子是否孤僻，而是直接断定孩子内向，不喜欢与人交流。

其实，内向、腼腆等都是表面的词，要想孩子不至于太孤僻，父母是最能帮助他们的人。因为在这些孩子的世界里，父母是最有安全感的，所以能帮助孩子调节内心的就是父母。帮助孩子搭建一个友谊的桥梁，就是给孩子一个修正性格的机会。

邻居小雷比我家孩子大一天，小时候也很活泼，但是自从去年家中有了二宝开始，小雷的话就变少了，常常自己一个人玩玩具，当时邻居还跟我说："你看，家里有了老二，老大就能变得懂事呢。"

　　但是，事情并没有想象中那么简单。这个学期，幼儿园老师便常常打电话来说小雷在学校不爱与同学玩了，做游戏时也不那么积极，常常一个人坐在角落里自己玩自己的，希望妈妈多观察一下。前两次电话并没有引起邻居太大重视，但随着老师打电话的次数增多，她才意识到问题的严重性。

　　她把小雷带到了我这里，小雷低着头，一言不发。我问："小雷，你今天为什么没有喊阿姨呀？"

　　小雷声音极小地叫了声阿姨，仍然低着头。我让邻居回家看二宝，小雷留在了我家，本想让他与我儿子玩一会儿，但无奈两个孩子玩不到一起，只好我与小雷一起玩。

　　我一直以为是因为有了二宝，小雷生气，或者心里委屈受伤了才会不理人。通过了解才知道，小雷安静是因为怕吵到二宝，妈妈一直看着二宝，也没有时间陪他了，久而久之，小雷习惯了自己玩，也不爱与小朋友一起玩了。

　　我将情况告诉了邻居，她表示很无奈，有什么办法呢？家中只有她自己一个人看孩子，当二宝哭时，小雷一闹，她难免会心烦训斥。我说："现在二宝也大点儿了，有空就多带他俩出去转转，楼下花园或旁边广场都可以。而且，小雷不与小朋友玩只是不敢，并不是拒绝，你可以帮他去交朋友。"

　　当天下午，我们一起带着孩子们去了广场，我拉着小雷来到几个小朋友中间，隆重地介绍了小雷："各位小朋友们好，阿姨给你们介绍一个新朋友，他的名字叫小雷，他学习可好了，而且很聪明，可以和大家交个朋友吗？"

　　小朋友是极容易受到语言和氛围影响的，几个小朋友鼓起掌来，其中一个小朋友拉起小雷说："我愿意做你的好朋友，我们一起玩吧。"

　　我和邻居在旁边看着，小雷从一开始尴尬地笑到后来开怀大笑，证明他已经开始接纳朋友了。几个小朋友一直玩到天黑，回家时，小雷对我说："阿姨，我们约好了明天还来玩，你还能陪我妈妈来吗？"

　　我点点头。

在很多成年人看来，孩子是无知的，可以任意指挥，他们只能服从。但是，请回忆一下这个年龄的自己，你是无知的吗？当然不是，相反，孩子的心灵是很脆弱的，他们对周围的感知特别敏感，所以儿童时期的孩子才会因为周围的刺激产生应激反应，这种反应有时是短暂的，有时甚至会影响一生。

一个性格孤僻的孩子会直接影响到以后的人际关系和社交活动，非病因的性格孤僻都是可以通过父母的帮助而转变的，找到孩子孤僻的原因，然后可以通过自己的行为"推"他一把，帮助他建立一个小的友谊圈，当孩子在这个小群体中获得了安全感、舒适的体验后，他自己也会战胜内心，挑战更大的社交群体。

相反，如果父母总是破坏孩子的社交渴望和活动，孩子的内心体验是处处碰壁的，久而久之也会变得孤僻起来。

我有一位朋友，人过中年，人们对他的评价就是孤僻，对于我们这些认识多年的朋友他可能会聊上几句，但对其他人他常常是沉默不语。

聚会时，大家你一言我一语地开心聊天，他就坐在那里，一言不发，默默地听着。我们甚至从他妻子的嘴里了解到，他在家也是经常沉默不语的，他妻子曾经还哭着找我们说过："要不是因为孩子，跟这样的人我是一天也待不下去的。"

我们了解他的性格，沉默是他觉得最舒服的状态，而这种状态的形成是源于他内心的不自信。从他的自述中你会发现，他是不相信所有与他相关的人的，也就是说，在他的思想中，只要跟他相关的人对他都是有企图的，他怕自己言多必失，所以选择少说话；他怕别人算计他，所以选择不相信任何人。

这种心态的形成源自他的童年时期，当年他的父亲是村中的老实人，谁都可以欺负；母亲却是很强势的，与邻里相处得十分糟糕。他父亲最常说的话就是："哪有什么好人，都是人算计人，我老实，没有办法，谁想欺负就欺负吧。"母亲最常说的话就是："人都是自私的，你话多了，被他们抓住把柄，你就翻不了身了。"

在这样的教育下，不管他现在取得了怎样的成就，骨子里烙下的东西是无法改变的。

其实，人的性格形成与幼年及童年时期的经历是有密切关联的。而作为与孩子最亲近的父母，一定要注意自己的言谈举止，也一定要注意观察孩子的行为。如果孩子需要帮助，就上前去帮一把，让孩子能够在阳光下快乐地成长。

第八章

自我认知敏感期：
帮孩子发现内在最美丽的自己

　　"我"在孩子出生时是不可知的，但从自我认识敏感期开始，他们便知道了"我"的存在，也用各种各样的行为证明着自我，父母对于此阶段的孩子不可有太多否定，给予他们足够的空间去发现自己，帮助孩子找到内心中最美的自己。

"这是我的"——私有意识不能定义为自私

孩子出生的时候，与世界是浑然一体的，是没有自我的。但随着一点点长大，他们开始有了自我意识，从2岁开始，他们就可以随心地将自我和别人区分开了，说明孩子的自我意识敏感期到来了。

此时孩子也进入了他人生的第一个叛逆期，大部分孩子从2岁开始一直到12岁，整个幼年及童年时期都把热情和注意力集中到了自我的构建之中。

比如，一位小朋友的名字叫桐桐，之前他指向自己的时候可能会拍拍自己，但是现在他可以告诉你："桐桐想吃苹果"，这便是自我意识的萌芽，他明白了自己就是"桐桐"。而当他说"桐桐"时所有的人都会知道那是在说他自己，他也会为自己是"桐桐"这件事而感到十分喜悦。

在成长过程中，他会发现，原来"你""我""他""这""那"等代词也是有指向性的，而"桐桐"也可以用"我"来代替。有时一件高兴的事情，他便会用"我"来代替"桐桐"的名字，这是儿童意识发展进程中的一部分。

再之后，他还会尝试着做很多叛逆的事儿，比如对爸爸妈妈说"不"，父母不要以为孩子的"不"就是对你威严的挑战，其实那是自我意识发展的一部分。这时的小朋友大有"初生牛犊不怕虎"的力量，他们就是要以自我为中心来挑战世界，这是他们成长的乐趣。而这种乐趣维持的时间并不会太长，父母也不用刻意去纠正孩子所谓的"犟嘴"。

从说"不"到坚定自己的想法，坚持自己的原则，再到形成自我的过程中，会派生出许多优秀的品质，如专注、勇敢、坚强等。不过在孩子自我形成的过程中，有些父母总是在曲解孩子的用意，以成人的思维去否定孩子的做法，这是最大的错误。

记得我儿子2岁半左右，在楼下玩时，有个小姑娘上前问："小弟弟，我能抱一下你家的小狗吗？"

我儿子看了看怀里的小狗，对小姑娘说："不，我的。"

我家孩子语言发展较迟缓，2岁半时只能将关键词表述出来。小姑娘又说："我就抱一下，一会儿还给你。"

"不，我的！"儿子抱着小狗扭了一下身体。

小姑娘急了，大声说："你怎么这样，不就抱一下吗？自私鬼！"此时，她的奶奶也走了过来，对我说："你家孩子怎么这么自私呀，你不能这样教孩子，你不会教他分享吗？"然后，她转过头，对我儿子说："小朋友，好东西都要分享的，不能做一个自私的孩子！"

儿子求助般地看向我，周围也有几个乘凉的人围了过来。我问儿子："你愿意将你的小狗给小姐姐抱吗？"

儿子摇摇头。我笑着对小姑娘的奶奶说："对不起阿姨，我儿子不喜欢分享，我们不要强迫他分享了。"

没想到，那个奶奶一把拉起小孙女，丢下一句"连个孩子都不会教"转身走了。周围也传来了人们的指责声："将来这一定是个自私的孩子！""这是大人没教好，说不定大人就自私呢！"

孩子不想分享，或者宣示主权说"这是我的"就是自私吗？当然不是，自私指的是在利益上发生冲突的时候，我们选择了损害他人的利益，而满足自己的利益。孩子并没有损害他人的利益，自己的东西本就应该自己做主，这只是一种自我意识的觉醒，他们按照自己的意愿、情感、心理和意志的需要行使自己的计划、支配自己的行为，这就是自我意识。

所以，不要总被一些道德绑架的言论干扰，认为孩子懂得了自我就是自私，他们只是懂得了什么是自我。比如，在工作中你的文案刚刚完成，这时一位同事过来说："你的文案可以送给我吗？"你会怎么处理？当然是拒绝。难道这是自私吗？当然不是。

小朋友有了自我意识的存在说明他们认识了自我，在职场中遇到的许多老好人，其实就是自我意识构建过程中出现的漏洞造成的。

我有一位忘年之交，她的女儿今年已经大学毕业了，但她对女儿十分不放心，怕她职场受骗、感情受挫。多年之后，她才发现当时教给女儿的一些思想是错误的。

她对女儿十分严格，在女儿小时候，她的主要引导方向就是告诉女儿要无私、谦让、大气等。

幼儿园玩玩具，她的女儿总是最后一个挑选，受到老师的夸奖；小学时她送给同学不少东西，老师又将"乐于助人"的小标兵给了她；大学之后，女儿已经慢慢走向了"老好人"的形象，就连男朋友也让闺密抢走了。

现在女儿成人了，我那位朋友才发现自己的教育多么失败。在当今社会，无论做什么，一个没有自我的人怎么可能懂得保护自己、爱惜自己呢？可是现在再来教她"自我"已经晚了。只能从某些事情上让她自己去克制内心的想法，照着方法来处理了。

孩子有了私有意识，父母要懂得保护，不要以强制的语言告诉孩子这样做不可以：比如，当孩子不想分享时，不要强迫孩子将东西拿出来；也不要强制孩子丢失自我，比如，孩子在画画时，你觉得画得再糟糕，也不要随意评论。更不可以让孩子听太多负面消息，如别人嘴中的自私、高傲等。

最后，希望为人父母的你需要注意，如果孩子告诉你"这是我的"，那你要点点头告诉孩子，"对，你的东西你做主！"

"孩子，你怎么看"——尊重孩子的参与权与责任感

"去去去，小孩子家家的懂什么！"

"跟他商量什么，说不明白又哭又闹！"

"孩子嘛，你说什么就是什么，有些事儿他们还不懂！"

当问起家中有些事是否与孩子协商时，很多人都会这样回答。这种完全被"通知"的状态也许久而久之孩子会接受，习惯于被告知的孩子对家庭的事是漠不关心的，也就没有了责任感。

最简单的例子，我们可能见过很多"不懂事儿"的孩子，总管父母要这要那，完全不考虑家庭经济状况，如果父母不给，甚至会做出某些极端行为。其实，大家在为这些父母叹息时，有没有想过孩子发展到如此地步的原因是什么呢？

孩子从2岁开始自我意识就觉醒了，这时就应该把他们当成家庭的一分子。作为家庭的一员，家中的事情他们需要知道，也需要参与决策，这种参与权是必须要给孩子的，有参与权的孩子才会有责任感。

你从来没有让孩子参与家中的事情，他对家庭的处境、经济状况等是没有感触的，不可能只凭要钱时父母的一句"咱家没钱"就有了责任感。再加上某些家庭中，父母的"责任感"过重，从来不会跟孩子说明家庭状况，对

经济状况更是隐瞒，孩子便有了父母总在骗自己的错误认识，当你想让他懂事时，他又怎么可能感受到父母的不易呢？

孩子的参与权，是满足孩子自我意识发展的关键，也是培养孩子责任心的开始，同时还会给孩子更多的安全感。一位同事讲了他的成长故事，让我更加坚定了孩子的参与权十分重要的想法。

同事小张今年刚刚大学毕业，却显得比同龄人更加成熟，无论是说话办事那分寸感都不像一个刚刚走出校园的毛头小伙。

在他童年时，家庭条件还不错，不过父母都忙于工作，只有奶奶接送他上下学，但是小张并没有成为那种隔辈人带成的傲娇孩子，原因是他有一位好母亲。小张说，大概从三四岁开始，妈妈每天从公司回来后，都会陪他聊天，给他讲一些公司里有趣的事，也会问他幼儿园的事。而且，妈妈有时会把自己的烦恼讲给他听，问他该怎么办，当时让他觉得自己不是一个孩子，而是一个小男子汉。

中学时，公司破产了。那一晚，几个叔叔阿姨和他们一起讨论今后该怎么办，小张也是其中一员。大家纷纷发表意见后，爸爸还郑重地问了小张的意见，小张分析了几个意见后，赞同了一位叔叔的意见：租一间小门店，从经营产品开始，一点点积累。爸爸点点头，将几个方案一一对比，虽然没有采纳小张和那位叔叔的方案，但是小张说，那时的他知道了爸爸妈妈为了他们的美好生活到底付出了多少。

他说，那几年，他从一个阔绰的少爷变成了一个什么事儿都会算一下的市井小民。他馒头夹着辣条吃了上顿吃下顿，就为了省下生活费，那时他的想法就是少跟妈妈要一元钱，妈妈就会少一点负担。

现在，父母的公司又做大了，爸爸希望小张回公司帮忙，但妈妈还是觉得应该尊重小张的意见，后来，小张以充分的理由说服了爸爸，成了我的同事。

其实，孩子并没有成年人想象中的那么幼稚、无知，他们的想法可能与成年人不同，或者过于天真。不过随着时间的推移、知识的丰富，他们的见解也会不同的。在他们自我意识形成的阶段，你的否定会打消他们的积极性，这种影响是不可逆转的。

我姐姐家的儿子就是一个小大人，今年10岁了。我们工作忙时，他会给我们热牛奶、烤面包，他常常会给我们很多灵感，我每次到他家都会觉得他并不是一个孩子，而是这个家的小主人。

而姐夫对这个家的参与度却不高，我们一直认为他是一个心中无家的人。因为姐夫从小在父亲说一不二的强势家庭中长大，受教育的程度也不高，凭着自己的努力才换来了现在的经济条件，他对家也没有什么责任感，与孩子的互动也很少，他最喜欢做的事情就是与朋友喝酒和回老家。

姐夫的自私与逃避心理是极强的，遇到事情第一个想到的就是自己是否会受影响，其次就是我要躲远一点。去年姐姐的工作室发生版权纠纷，想让姐夫帮个忙，但姐夫以"不懂"为由拒绝了，让姐姐一个人找律师、打官司。

尊重孩子的权利是对孩子的肯定。"孩子，你怎么看？"这句话也许今天得不到成熟的答案，但有一天答案一定会让你惊叹。

告诉孩子，你不完美，但你可以变得很美

孩子在自我意识敏感期中会有很强的自我认识，有些没有受挫的孩子会很自信甚至自负，而另一些孩子则可能会自卑。如果你发现孩子已经有自卑倾向而不及时干预的话，可能自卑就会成型，影响孩子未来的性格。此时，最简单的干预就是将自卑转化为动力，告诉孩子你不完美，但你可以变得很美。

我们先来看一下产生自卑的原因吧。孩子在自我意识敏感期就如一只小蚂蚁一样，探着触角发掘周围的气味。身边的评价在此时也会对他产生影响，很多父母虽然本心是激励孩子，却用了一些不恰当的语言，最常见的就是"别人家的孩子……"的评价，总在自己家孩子面前以别人家孩子为例，本心是为了树榜样，可是对于自我意识刚刚萌芽的孩子来说，是不受欢迎的，久而久之，孩子便会产生自卑心理。比如他不会跟你常常夸奖的那个孩子玩，再比如他常常会盯着你夸奖的孩子的缺点等。

其次是别人的否定。孩子在此时期是需要鼓励的，因为他们对自己发现的一切都会有成就感，比如他们的画作、摆好的积木等，他们会觉得自己完成了一项大工程，如果此时传来更多否定的声音，他就会感觉自己受到了否定，也会形成自卑心理。

再次，便是自己能力不足。家长的高要求，事情的高挑战，都会带来挫败感，这种挫败感会让孩子觉得自己很差劲。

之前我遇到过一个很优秀的孩子，小小年纪琴棋书画样样精通，但是他总说自己不行，他给自己定了一个很高的目标，可以说是他这个年龄各方面都不可能达到的高度。当时，我对他的父母说："你们可以帮孩子修正下目标，否则会让孩子有很强的挫败感的。"但是他父母却说："目标远大才有可能更优秀。"

后来，孩子上了高中，早已没了孩童时的伶俐劲儿，常常低着头走路。他的父母说："孩子现在总说自己不行，什么都不会，做什么都会失败。"

目标远大没有问题，但是过高的目标会深深伤害孩子幼小的内心，让孩子形成自卑心理。此时，需要父母去安抚孩子，帮孩子纠正自卑心理，慢慢培养自信。不过，哪怕纠正之后，那种已经形成的自卑心理会隐藏起来，也会不定时地出现。

所以，作为父母在孩子需要的时候一定要做出最正确的选择。"妈妈，我画画不好，小朋友总笑话我。""爸爸，我的好朋友当了班长，我却什么都不是。""妈妈，老师说我反应慢，我是笨吗？"这类问题都预示着孩子可能已经自卑了，心理转化工作也是势在必行了。

对于幼儿来说，他的心理形态还未成形，他只是初步意识到某个问题，所以父母此时最忌讳的就是下定论，可以用一些增强存在感的游戏来增强孩子的信心，然后在此基础上将自卑转化为动力。

我遇到过这样一个案例，男孩小稳今年6岁，性格内向，他父母说他做事唯唯诺诺，常常否定自己，还举了个例子。

小稳报名参加了思维训练小班课，班里有10个小朋友，妈妈跟了两节课发现小稳不怎么活跃，便问："孩子，你是不喜欢这个课程吗？"

小稳说："喜欢呀！"

"那为什么不举手回答问题呢？小朋友一起做游戏时你的兴致也不是很高啊。"

"因为我不行呀，我怕我的回答都是错误的。而且，小朋友们可能也不喜欢我，我不爱说话。"小稳低头说。

我继续问："那小朋友的答案与你想的答案一样吗？"

"嗯，一样。"小稳眼中闪过一丝快乐。

"那你为什么觉得小朋友不喜欢与你玩呢？"我又问。

"因为，我……我就是觉得……"小稳低下头。

我摸摸他的头，说："孩子，你是觉得自己没有他们好吗？那阿姨告诉你，你现在觉得不好，那你为什么不努力变成好的样子呢？上课时勇敢地回答问题，下课后主动和他们玩。其实你不知道你的能量有多大，你努力之后，会变得很强大的。"

小稳眨着眼看我，我又转向小稳妈妈，说："其实，你的儿子很优秀，只是他在积攒能量，现在看上去不完美，但他的努力会让他变成你想象不到的样子。"

之后，我与小稳妈妈交流了一些干预方案的细节。送他们出门时，小稳竟然冲我笑着说再见，小稳妈妈的眼泪一下就流了出来，她告诉我："小稳从来没有跟一个陌生人主动打过招呼。"

我笑着说："以后就会了！"

小稳是一个很棒的孩子，他的唯唯诺诺源自对自己的否定，其实这个时期孩子的情绪、性格都是可塑的，关键是父母是否能及时发现与干预。

如今，小稳已经长成一个大孩子了。今年刚刚中学毕业，那天毕业典礼后，他的妈妈带他来找我，问他是否还记得我，他笑着说："我当然记得，这是那位摸我头的阿姨。"我没想到一个小细节让他记住了我。

他继续说："阿姨，我当时对您的话并不是十分理解，但是我相信我是有能量的人，而且妈妈常常会给我讲您的话，我明白了人无完人，我更明白了人可以通过努力向着完美的方向发展。"

"好孩子。"我再次摸摸他的头，他没有眨眼，还是笑呵呵地向我点了点头。

每个孩子都是优秀的，主要是父母是否发现了孩子的优秀之处，总想将孩子打造完美的家长只会让孩子感到压力重重。希望父母给孩子的信号不是"完美"，而是"很美"，这样孩子才会变得更加优秀。

允许孩子说"不"，不要一味对他说不可以

最近我家孩子学会了一个词"犟嘴"，有时我与他商量事情时，当我持反对意见他就会说："犟嘴"。我很纳闷这个词他是从哪里听到的，他说是他朋友的奶奶常说的话。我不禁想到了一个问题，当你的孩子对你说"不"时，你会怎么做呢？是发挥家长的权威对他说"不可以"吗？

孩子3到6岁便会进入第一个叛逆期，此时孩子已经处于自我意识敏感期，他们已经感知到了自我的存在，所以便会独立思考一些问题，也常常会发表一些不同意见。如果他们觉得父母的做法与他的思想不对等，便会大胆地说"不"，很多家长是有家长威严存在的，特别是在大庭广众之下被一个孩子反对，便会觉得孩子挑战了他们的权威，然后马上制止，殊不知这种制止会对孩子的将来造成极重的影响。

我的同学前段时间带孩子来找我，从中学毕业后我再也没有见过他了，他看上去有些沧桑，我才意识到我们已经人到中年了。他的女儿今年12岁，上初中一年级，听说我这里有公益辅导课程便来报名了。

他说："我是一个没能耐的人，孩子学习很好，但别人家孩子都上辅导班了，我又没钱，只能来找你了。"我笑着说没问题，便带他女儿上楼听课，回来时，他依旧坐在沙发上，见我下来，便问："多长时间？"

"一个小时。"我说，"你等着或者一会儿来接都可以。"

"我等着吧。"他犹豫了一下说，"我能咨询点事情吗？"

我点点头，他继续说："我吧，你也知道，从小就老实，不欺负人。我最近换了一个工作，薪酬还算可以。但是我这么大岁数了，他们总把我当一个新人对待，谁都可以指使我，连打印的活儿都是我在干，我觉得压力很大，在公司一点尊严没有。"

我点点头，说："你刚转行，他们把你当新人也不足为奇，但是做公司的'老好人'我不太赞同，你可以说'不'。"

"我说不出口。"他说，"我从小就怕说'不'，我爸爸是一个脾气很大的人，小时候一说不他就打我，我现在只要心里一有否定的想法就会想起我爸，随着年龄的增长，这种感觉越来越明显。"

通过谈话，我了解了大概情况，帮他做了心理疏导，又帮他找了专业从事心理辅导工作的同事，希望能够帮到他。

中国人受到"君君臣臣父父子子"思想影响很深，有些人理解错误，认为父母的威严是不可挑战的，于是将孩子在自我意识形成期中的主观意识表达，当成了对权威的挑战，却不知道这些家长的做法会直接影响孩子的成长。

制止孩子说"不"，其实就是遏制了孩子的思维发展与自我意识的形成。记得我家孩子从2岁半开始，就会表达一些自己的情绪。比如，我拿玩具球给他，他如果不喜欢玩时会直接扔回给我，说"不玩"；再如，我给他报的幼儿英语课，他不想上课时会扭着小脑袋说"不喜欢"……这样的事情数不胜数，但当时我并没有强迫他去做，而是用另一种方法劝他去做。

成年人的智慧一定是高于幼儿的。这个说法是正确的吧？当孩子说"不"时，我们应该有很多种方法劝孩子说"是"，那为什么非得用"不可以"去打击孩子呢？

最近，我家孩子幼小衔接班在线上开课了，他告诉我他开课的消息，他表现得很烦躁，并对我说："妈妈，我不上也会的，一年级还要学，我不想上。"

我问："那当时妈妈报班时你有没有同意？"

"是的，我是同意的。"他说，"可是当时我并没有约到好朋友，现在我们每天在楼下玩得超好，上这个课会让我少玩很长时间。"

我点点头，说："的确，你说得很有道理。但是我觉得，如果现在上了这个课，将来上一年级后会省力些，你的作业也能做得很快，那时玩的时间可不只是这半小时呀。如果你作业做得慢，那你上一年级后所有的时间都会花在写作业上，你还有时间玩吗？"

儿子愣在那里，我仿佛看到了他的小脑袋在高速运转中，过了好一会儿，他说："妈妈，我同意上课，我会好好上的。"

幼年时期敢于说"不"并非是对父母的挑战，如果父母恰当地引导，这些孩子未来一定是有主见和判断力的，而这种能力是他们走入社会、适应社会所必备的。当父母强制性地打断孩子的思维时，他们的主见与判断力也会受到严重的打击。

我有时会听到一些父母冲孩子大吼："我说行就行！""你闭嘴！""马上去，不许有意见！"可知这些命令似的语言会直接留在孩子的内心之中，在父母的强权之下成长的孩子总是在开始时就丢失了很多能力。

希望父母能正视这些问题，当你的孩子噘着小嘴说"不"时，你一定要先弄清原因，并与他商量，或者发挥你的聪明智慧与孩子"斗智斗勇"，千万不要一票否决，浇灭孩子的热情。

让孩子真切地感受到，你有多么爱他

无论孩子多小，都是有感情的，他们在自我意识敏感期中会很灵敏地感知到父母的爱。所以这一时期，你可以充分地表达自己的爱意，让孩子充分地感觉到你是多么爱他，这时他感知到的爱会转化为安全感、自信与勇气。

一个被爱包围的孩子会勇敢地对世界说爱。如果你爱孩子，就应该让孩子真切地感受到这份爱，这样的孩子将来也会更爱别人。

我之前在幼儿园中做过一个小调查，目标测试人是中班30个小朋友，测试题目为，你觉得爸爸妈妈谁更爱你？

结果30个小朋友中21个选择了妈妈，2个小朋友说是奶奶，其余的几个选择了爸爸。无论选择的是谁，小朋友的理由是谁陪他们时间更长、谁常常对他们说"我爱你"、谁常常叫他们"宝贝"等。

你会发现小朋友们眼中的爱是显性的，是他们能感知到的，所以才会有小朋友更爱妈妈的现象，虽然爸爸在外辛苦工作，为了家，为了他付出了很多，但是因为没有陪伴，也没有语言的表达，会让小朋友觉得爸爸不爱他。也正因此，很多人长大后会觉得与爸爸有距离，特别是男孩子，这种感觉会更深。

所以，爱是需要表达的。大家可以通过一些亲子互动来增进与孩子的感情，特别是在大宝敏感期时要了二宝的家庭，父母更应该关注大宝的思想活动，更应该表现出对大宝的爱。

有段时间，因为工作特别忙，同事将3岁的孩子放在了奶奶家一个月，结果接回孩子时，孩子先是抱着她哭了一阵，然后就不理她，显得对她十分排斥，弄得她也是不停地哭。

晚上睡觉时，她问孩子为什么不理妈妈。孩子又哭了，说："妈妈不是不爱我了吗？"

一句话让同事眼泪又流了出来，甚至开始怀疑是不是婆婆说了什么，女儿又说："妈妈，你工作忙我可以自己在家等，你不要把我放在奶奶家好不好？"

同事陷入哽咽之中，女儿也哇哇地哭，好一会儿，女儿说："妈妈，我知道你是爱我的，看你哭，我就知道。"

后来同事跟我们说起这件事，全程她没来得及做一句解释，结果女儿就自己从疑问变成了肯定，而肯定的原因竟然是妈妈哭了。

其实，孩子是有自己的判断和思考的，父母的语言和动作都能让他们体会到父母的情绪。由于我工作忙碌，与孩子交流的时间很少，每天也只是在接他回家的路上坐在车里聊几句。但是每到周末，我一定会抽出大部分时间来陪他。

天气好我们就去公园、游乐场，天气不好我们就在家里一起聊天、看电视、做游戏。如果休假，我便会规划一个短途旅行，带着孩子来一场说走就走的自驾游。其实除了这些出游的亲子活动，在平时我们也可以利用一些零散时间与孩子进行互动，哪怕与孩子经常聊天，都会让孩子感受到爱。

但是，对于爱孩子这件事，有些家长会有很多疑问，陪伴是爱，但管教也是因为爱呀，小树打掉枝丫不就是为了让小树能成栋梁吗？他们觉得自己也是在爱，自己的行为都是因为爱，为什么孩子却无法感受到爱呢？北师大朱旭东教授曾说："家长们对孩子用心了，但用得不是地方，主要以管教为主，处处充满痕迹深重的干涉，儿童所体会到的多是强制力，而不是教育。"

这种爱是"有条件的爱"，孩子在这个年纪，所能体会到的只有父母的强制性压力，这种爱的质量很差，特别是对幼年时期的孩子还会造成某些心理阴影。或者说得更明确些，父母的这种爱就是一种"绑架"，只是为自己的干涉行为找的借口。甚至有些父母会因此哭诉：为什么我付出了那么多，你却感觉不到？我逼着你学习不是爱你吗？为什么说我不爱你？

孩子需要的爱是温暖的，直击心灵的，爱能让孩子觉得更舒适、更安全，也会让孩子学会如何表达爱。

记得同事家有个小朋友特别有意思，她每次见到我家儿子后都会跑过来亲一下，我儿子也会笑着回亲一下。一天，这个小朋友对我说："阿姨，你可以带我和哥哥（我儿子）出去玩一天吗？"

我说："可以呀，如果你妈妈同意的话，阿姨可以带你们去，你想去游乐场吗？"

"不是，我想去海边，我想对着大海跟哥哥说我爱你！"听完这话，我们不由得笑起来，这个小不点只有3岁，小小年纪懂得什么是爱吗？

小朋友认真地说："阿姨，我觉得哥哥是世界上最爱我的人！"

她的妈妈不禁问："那妈妈呢？"

"妈妈不行，妈妈不太爱我，她爱她的工作，不陪我，也不给我糖。"小朋友说话的模样认真极了，她的妈妈也沉默了。

这时，我儿子说："那你怎么会觉得哥哥最爱你，哥哥最爱哥哥的妈妈。"

小朋友说："不对，哥哥就是爱我，你陪我玩，给我糖，还会摸着我的头说'乖乖'。"

　　其实，孩子要的爱并不复杂。在这个年龄，父母一定要将自己的爱真真切切地表达出来，这样孩子才会体会到爱，在爱中浸润，在爱的包裹中长大才是世界上最幸福的人。

第九章

事物兴趣敏感期：
激发孩子学习兴趣的最好时机

孩子有一双充满好奇的眼睛。从出生开始，他们便会用耳朵、眼睛、鼻子、嘴巴和小手小脚去感知这个世界，特别是进入事物兴趣敏感期后，他们对事物的好奇会更加明显，这是激发孩子学习兴趣最好的时机，父母一定要把握好机会。

孩子有兴趣，才有注意力

杨振宁博士在谈论成功时，曾经说过："成功的秘诀在于兴趣。"从古至今，无数的例子也在表明兴趣的重要性，至圣先师孔子也认为："知之者不如好之者，好之者不如乐之者。"对于一个孩子而言，从生于这个世界开始，就张开了探索世界的眼睛，而兴趣是他们最好的老师，更是高度集中注意力的原动力。

孩子自1岁半开始，便对细微事物感兴趣，在1岁半到4岁期间是孩子事物兴趣的敏感期，他们可以接受很多成年人忽略的兴趣信号，比如你会发现孩子会捡起莫名其妙的东西，再比如他们会常常对着一个点发呆，更或者他们会突然喜欢上一个动作，等等，这些都是兴趣的萌发信号。在此期间，千万不要打断他们的思绪，也不要以成人的视角去评判他们的对错，只需要在保证孩子健康安全的情况下满足他们的兴趣就好，你会发现，在他们最感兴趣的点上，他们的注意力可以达到你想象不到的高度。

一位家长曾经找到我询问孩子为什么注意力不集中的问题，却发现原来是自己的行为导致了孩子的问题。

这位新手妈妈看了很多育儿书，并常常将学习到的经验用于对孩子的培养上，在众多"育儿经"中，她说她最钟爱的就是那句："提高孩子语言表达能力的最好方法就是对话。"

因此，她从孩子出生之后就特别爱跟孩子说话，而事实也的确是她家孩子的语言表达欲望很高。但是入学后她发现，孩子虽然有着极高的表达欲望却并没有太高的表达能力，明明一句话就可以说清楚，孩子需要反复强调，且用词也很不准确。开始她认为只是孩子小的问题，可现在更多的问题出现了，她听到学校老师最多的反馈是：

"您家孩子上课注意力很不集中，还经常打扰其他小朋友。"

最开始，她还在"育儿经"中找借口，以心灵鸡汤安慰自己，甚至还觉得孩子的"与众不同"是天分的表现。久而久之，她也陷入了怀疑，她发现孩子的注意力集中时间的确很短，且常常会自言自语地打断自己的学习。这位妈妈很痛苦地讲完了问题后，我问："您回忆下孩子小时候是否有过看着一件事物发呆或者对一件事注意力高度集中的时候呀？"

她说："有呀，他小时候特别喜欢趴在地上看蚂蚁。"

"那当时您做了什么呢？"

"我也跟他一起看，还教他认识蚂蚁，给他讲蚂蚁的故事。"看来这位妈妈对自己的做法感到很得意。

我点点头，又问："那是不是他每次对事物产生兴趣时你都会加入其中呢？"

"是的。他喜欢画画，我就给他讲画画；他喜欢唱歌，我就跟他一起唱……因为对于孩子而言，陪伴是最长情的关怀嘛！"

我笑笑说："您知道吗？您的参与破坏了他注意力的建立。注意力的培养是需要过程的，如果把注意力的培养比喻为搭积木，兴趣将孩子吸引了过来，但是，您来了，三两下积木搭好了，孩子的思考力、创造力还没有发挥就看到了结果，您觉得孩子还会有兴趣再继续吗？久而久之，他会对周围的事物失去兴趣，没了兴趣，注意力自然也就无法集中了。"

这位妈妈听后更着急了，甚至开始自责起来。我劝慰了她一番，并给了一些纠正方法后她才略带安心地离开。

其实，很多父母都如这位新手妈妈一样，过多参与孩子的世界，用自以为正确的教育方法培养孩子，结果往往并不是那么尽如人意。特别是注意力，没有医学疾病的前提下，任何一个孩子的注意力都可以通过兴趣来集中，也就是说兴趣是培养孩子注意力的最好办法。

在孩子事物兴趣发展敏感期时，父母要尽量放手，让孩子自己探索兴趣，在孩子极感兴趣的事物上，也不要轻易插入进去，更不要给予意见或者建议，只需要默默陪伴就好。这个阶段所有"静"的时间，都会加入注意力的形成之中，今天的"静"就是明天的"专注"。等孩子慢慢成长后，他可能会对敏感期时的"兴趣"失去爱好，但那段"静"的专注力会刻在他的行为中。

所以，我们不难发现，不仅是孩子，很多成年人发现自己感兴趣的事物后，也会表现出高度的注意力，其实这都得益于那段敏感期时的情感体验。同样的道理，如果想要将注意力高度集中起来，兴趣也是最关键的点。因为有了兴趣，注意力也会跟着高度集中起来。

调查表明，在绘画课上，女孩子的注意力要高于男孩子，而在体育课上，男孩子的注意力要高于女孩子，这便是兴趣的原因。比如，当你对一件事物特别感兴趣时，你会发现时间过得很快，那是因为你的注意力集中到了兴趣上，而忽略了时间；而当你等一个人时，你会觉得时间过得很慢，那是你的注意力集中到了时间上的缘故。

再比如，为什么很多人沉浸在游戏的世界无法自拔，如此高的注意力都源自他们对游戏的热情，因为有兴趣，所以才会难以自制。家长常常对孩子吼："为什么玩手机这么专注，学习不见你这么专注？"这个问题很好回答，因为孩子对手机感兴趣，对学习不感兴趣呀。

　　孩子的注意力不是强制性的捆绑，谁的童年没有上课飞出过思绪，而最好的集中注意力的办法就是找到兴趣，所以注意力不集中也不是孩子的注意力差，而是因为孩子的兴趣点并不在此。

通过事物探索，充盈孩子的生命认知

在孩子的事物兴趣发展敏感期中，父母不要做过多的指引，不仅可以促进孩子注意力的发展，更是为了保护孩子的认知发展。可能有些人会质疑，父母难道真的不要参与，任其发展吗？答案是否定的，当然不可以，父母不干预，但不等于不参与。

孩子的可塑性很强，而往往对孩子影响最深的就是父母。因此，父母在孩子的事物兴趣敏感期中，可以尽可能地为孩子创造更多的机会，让他们接触更多的事物，同时支持他们对事物的探索，开启孩子认知能力发展的大门，充盈孩子的生命认知。

在孩子的眼中，世界上的一切都是新鲜的，都是未知的、需要探索的，此时，父母要给孩子充分的机会去探索，请相信，直接给答案不仅仅忽略了解题过程，而且剥夺了解题的能力。

现在很多孩子喜欢乐高积木，它之所以有如此大的吸引力，不只因为它有着多变的造型，更因为它是孩子亲手搭起梦想的创造过程。孩子对事物的探索能力是与生俱来的，他们可能会打开冰箱感受凉风来袭，更会左看右看是哪里产生的凉风，而父母此时一定不要说："快关上门，有什么好看的。"因为当他服从的那一刻不只是关上了门，更是关上了刚刚萌芽的好奇心。

我的朋友是个对一切新鲜事物都感兴趣的人。最近我发现，她的女儿仿佛就是她的翻版，小姑娘对一切未知都充满了好奇心，而她对世界的认知能力也令人惊叹。

朋友说，她从来不会去干预女儿的探索。小姑娘曾经为了观察蚂蚁搬家，在公园蹲了一下午，朋友全程陪伴，最后小姑娘说："妈妈，蚂蚁好伟大，我们一步可以达到的地方它们要走好久，可是它们从不放弃。"

我问朋友："你为什么不趁此机会告诉她，蚂蚁搬家是要下雨了，或者蚂蚁的伟大之处在于它能搬起比自己身体大好几倍的东西或者团结之类的呢？"

朋友回答说："蚂蚁搬家要下雨她多观察几次就会知道，至于蚂蚁的其他伟大之处，她也会在以后的观察中发现。我告诉她的话就是强制性的灌输，这些在书本中都会有，而她的观察体验才是她对生命真正的认识。"

这个小姑娘最近经常陪我儿子玩。有一天，我的儿子抓起小石子准备打一只小狗时，小姑娘拦住说："不要这样，我们不可以欺负弱小，每个生命都值得被尊重，它的妈妈会哭的。"我很好奇一个刚上小学的孩子怎么会说出这样的话，便问："你说什么？为什么生命要被尊重？为什么你知道它的妈妈会哭？"

小姑娘昂起头，充满疑惑地问："阿姨，您没有发现小狗眼中的害怕吗？那天妈妈因为我在幼儿园摔伤哭了好长时间，我摔下来时就是这种害怕的感觉。"

我点点头，又继续问："那你知道什么叫被尊重吗？"

"当然知道，每个在这个世界上的生命都在顽强地活着，难道不值得被尊重吗？"小姑娘坚定地回答。

我竟然不知道该说什么。事后，与朋友谈起这件事，朋友笑着说："她第一次告诉我每个生命都值得被尊重时，我也觉得奇怪，她给我解释说不但人类在辛苦地工作，动物也很努力。流浪狗妈妈为了让小狗吃上东西，自己饿得奄奄一息也不肯吃一口；小鸟从来不会在人们窗口外叽喳个没完，是因为怕打扰人们休息；水滴为了变成小雪花，会把自己冻僵……在她看来，世界上所有事物都在努力。"

一个对世界都充满敬畏的人不会去破坏世界，一个有探索欲的孩子也不会只停留于浅显的表面认识之中。孩子的可塑性是很强的，父母给他们怎样的成长环境，他们便会成长为什么样的人。

但是支持孩子去探索并不是让孩子去做一切体验。还记得那个暖壶盖的问题吗？当时，很多妈妈说："如果不想让孩子去拿暖壶盖，就拿着他的手放到壶口试试，烫着了就再也不动了。"虽然这种方法被一些妈妈采纳，且试验成功了，但对于这种可能会伤害到孩子健康的做法，我却不支持。

孩子对世界的认识是感性的"进攻型"，"初生牛犊不怕虎"就是这个道理，但身为父母应该是理性的，有些事我们当然不能让他们自己去探索，等烫伤后再告诉他们："吃一堑，长一智。"这种"体验"只能磨灭孩子的探索兴趣，甚至还会造成一些心理阴影，让孩子变得胆小、怯懦。

朋友女儿小时候，有一次对饮水机产生了兴趣，她已经观察饮水机好几天了，而且每次接水时水桶发出的"咕咕"声她会特别注意，更重要的是，她几次想按下开水口的按钮。朋友看到这种情况，便与女儿一起做了一个实验。朋友拿出从水产市场刚买回的两只活蹦乱跳的虾分别放到两只碗中，让女儿从冷水口接水，虾在碗中游了起来；又让女儿从热水口接水，虾慢慢变红不动了。女儿明白了热水的"威力"，便放弃了尝试按下热水按钮的念头。直到现在，女儿能自己去接热水喝了，她也是先将杯子放在接水台上，然后再按下按钮。

孩子在事物兴趣敏感期时的一切动作也都是敏感的，身为父母要保护好孩子对世界的探索兴趣，充分发挥孩子的体验式认知能力，你会发现孩子对生命的认识能力有时成年人也望尘莫及。

陪孩子一起涂鸦，绘画敏感期让想象力去飞吧

人类认识世界的重要方式就是通过感官，而孩子出生后发育最迅速的感官就是眼睛，眼睛是孩子直接感知这个世界的最佳途径。自古以来，人类一直在用眼睛来观察这个世界，将眼中的世界落于纸上便是孩子对世界感知的首次输出。

了解汉字发展史的人都知道，仓颉造字的方法是将事物转化为图画符号，这些图标经过演化多次修改之后才形成了中华民族特有的文字——汉字。其实，绘画是一种复杂的精神活动，是儿童最直接的、最自由的、最便捷的情绪表达方式。孩子在幼年时期最喜欢的便是涂鸦，这一时期正是儿童绘画敏感期，父母作为孩子最信任的伙伴，此时最好的做法就是陪孩子一起涂鸦，放飞孩子的想象力。

幼儿时期的孩子最喜欢用手去摸东西，每种触碰都会在他们心中留下深刻的印象，而用手来把自己头脑中的东西表达出来，那是一种极高的成就感。小学一年级的教师会发现，孩子们特别喜欢画画，下课后有些孩子不想出去玩，就趴在桌子上画画。而拿起小学课本也会发现，几乎80%的孩子课本上都有或多或少的涂鸦，因为涂鸦是他们表达内心的直接方法。在孩子的笔下，所有的物都是活的，都是最形象的，也都是带着情感的。

虽然现在很多新手爸妈在高等教育的背景下对孩子的涂鸦抱支持态度，但是往往却无意中给孩子的绘画敏感期泼了冷水。

第一种，规定范围发展想象力。

如果仔细观察，你会发现，孩子很喜欢在墙上乱写乱画，虽然说过不允许，但还是会偷偷留下一两笔，于是，父母便买来了绘画板、墙贴等，给孩子划出一个范围，让孩子在范围内绘画，但是这样有效果吗？事实证明，孩子并不会如你所愿在规定范围内涂鸦，一段时间后便会在"版块"的边缘、桌面、地面等再次出现新的"作品"。

那是因为孩子的涂鸦源于想象力，他们的绘画是当有思绪爆发时的随手而为，与构思之后的范围内绘图并不相同。这就好比成年人所说的灵感，可能会受某个点触动而迸发，并不是说来就来。

当然，给孩子一个绘画的场地并没有错，只是要注意孩子的年龄，当孩子进入幼儿园后，懂得了规则，那么他自然也习惯在规定的范围内绘画了，当然此时的绘画不仅有想象力，也加入了他们对世界的认知。

第二种，有天赋就要培养。

有些父母特别欣喜于孩子的成长，留心地发现了每个变化点，于是当孩子拿出画笔画出一个圆圈说是太阳时，这些父母便如获至宝，认为孩子"天赋异禀"要着重培养，于是拉着孩子加入了各种各样的绘画培训班。初为父母需要明白这一点，任何培训机构都有自己的培训章程，也就是说，孩子自主绘画是自我发掘，只要加入其他人的干预，便会进入"学习"的范畴，而当孩子进入学习状态之后，便会停止自我开发。

举一个简单的例子。我有一位学生，孩子在幼儿园时就酷爱画画，特别是中国画，他拿着小毛笔，信手拈来地画世界。虽然不明白色彩的原理，但是画面的配色让人很是舒服。于是他的妈妈给他报了国画班，随着年龄的增长，他的画技进步很大，也获得了很多奖，但是他并没有那么喜欢了，而且如果不临摹他也无法再自己创作。

他的妈妈对此感到很疑惑，总是在问："你小时候不是想画什么就能画出来吗？为什么现在要看着画？只画那些名家的作品干什么？"

他说："我不会。"

为什么不会呢？小时候不是画得很好吗？一次，我拿出他小时候画的《雪梅》与现在的《雪梅》做对比，问他："你觉得哪一幅好看？"

"我觉得后面这一幅，老师说梅要病梅才好看，小时候画的梅花没有病态。"他回答道。

从他的回答中，我找到了问题的症结所在，"老师说"就是规则，而这个规则所扼杀的就是儿童的想象力，实际观察下，有哪一株梅花真的如盆景般病态呢？因此，不要认为孩子的绘画只是为了展现绘画天赋，那是他们对世界认知的输出，父母此时需要做的不是"因材施教"，而是陪伴。

父母的陪伴给孩子带来的幸福高于一切，而且在这种极度舒适、安全的陪伴中，孩子的想象力会得到最大的绽放。我家孩子小时候，我常常会陪着他画画，我发现在他的画中，小熊是彩色的，太阳是粉红色的，所有事物都长着眼睛，还笑眯眯的。在孩子的心中，世界有独特的颜色，而所有的事物也都是有生命的。身为父母一定要给孩子充分的想象空间，为他构建最舒适的发展环境，也许你的陪伴会成就孩子一生。

3到5岁为最佳的绘画敏感期，父母此时要选择陪伴，为孩子提供绘画材料和环境，不要设限，放手让孩子去画，尽情发挥想象力，画出心中的所思所感。毕加索说："我花了一辈子学习怎样像孩子那样画画。"任何一项艺术直觉与本能的创造都要远远高于理性的创造。

音乐敏感期，将优美的旋律进行到底

人类除了用眼睛去感知这个世界外，耳朵也会参与其中，而耳朵的参与也往往会早于眼睛。一般三个月左右的婴幼儿，听到声音就会随之转头，而更奇妙的是他们对自己喜欢的声音会表现得更兴奋，对于不喜欢的声音也会表现出难过。而且，到了幼儿时期，很多父母会发现自己的孩子会随着音乐的节奏起舞，他们不懂音律，却可以跟上节奏。其实，此时幼儿已经进入了音乐敏感期。

儿童心理教育学家蒙台梭利将儿童的音乐敏感期界定为3到5岁，据资料分析此时期的孩子对音乐有着超强的感知力，此时需要父母提供一个高品质的音乐环境，让孩子充分在音乐旋律中展现自我。孩子的智力、四肢协调能力甚至艺术审美水平都会得到相应的提高，同时在音乐敏感期时接触到的音乐对孩子的性格也会产生至关重要的影响。

音乐敏感期的孩子对音乐有着天生的理解力，而此时期的陪伴不同于绘画敏感期。父母需要做的不仅是陪伴，更重要的是为孩子择选音乐，让音乐真正起到启蒙的作用，用音乐去开启孩子的感知力、情绪表达力、理解力等。

邻居家的爷爷很喜欢敲鼓，他的小孙子便是听着鼓声长大的，在小孙子很小的时候，爷爷便给小孙子自制了一个鼓，还教会了小孙子敲鼓。别说，一个两三岁的小不点，竟然可以将节奏敲得一拍不错。爷爷经常领小孙子在楼下广场表演，当大家鼓掌时，小朋友还会很礼貌地鞠躬说谢谢。

现在，小朋友已经上小学了，那天碰到他正在楼下弹吉他，自弹自唱，很是开心。我便问："你学会弹吉他了呀？在哪儿学的？"

他说："阿姨，我正在学，我自己找来谱子弹弹试试，不行再去找人学。"

小朋友很懂事，也很有自制力，在楼下许多孩子打闹成一团的情况下，还能保持如此专注，也很是难得呀。这可能就是敲小鼓时留下的情感体验，他当时打出的节奏，不知道经过了多少次练习，在一次次练习中的"努力"便会刻在他小小的心里。

其实，孩子的敏感期并不长，如果能在此敏感期中获得更多相应的能力，那极有可能开启你未发现的天赋。此时，除了简单的听音乐外，还可以利用音乐进行各种游戏，让音乐把我们带入孩子的世界中，为孩子营造出快乐的体验环境。某媒体的《布谷鸟》节奏游戏一度很受欢迎，大家竞相模仿，这种韵律游戏之所以引起关注，无非还是音乐的力量。

看到孩子随着音乐起舞，身为父母可能会惊讶、感叹，但是你不觉得应该将这种"天赋"保护好吗？有些父母可能认为，这只是音乐敏感期的表现，我们身为父母都五音不全，哪里可能生出有音乐天赋的孩子呀？其实你可能真的错了，据调查发现，世界上没有天生失掉音准的孩子，孩子在经过专业的音乐培养后，都有可能成为音乐家。那么父母该如何抓住这一敏感期来启动孩子的音乐天赋呢？在此提以下三点建议：

第一，给孩子创造接触音乐的机会。

音乐是无处不在的，父母给孩子创造一个音乐世界并不难。记得我家孩子4岁时，我正在看歌剧《图兰朵》，当时语言能力还不是太发达的他突然唱着与我对话，虽然无法从专业角度去评判，但是他那一颦一笑、举手投足俨然是一位歌剧演员。当时我并没有对他的音乐进行评判，而是模仿着他的样子唱着回答了问题。他整个人都变得兴奋起来，一来二去，一唱一和，玩了一个多小时。现在的他虽然已经对4岁时的故事记忆不是那么深刻了，但是每当再看歌剧时，他总会跟小伙伴炫耀说："我小时候和妈妈一起唱过歌剧"。

现在他对音乐依旧很敏感，哪怕是复杂的钢琴曲他都会听出故事来。不得不承认，用音乐陪伴长大的孩子会更懂得生活。

第二，选择音乐很重要。

音乐是什么？可以说是一种声音，带情绪的声音。不建议父母在孩子的音乐敏感期时以流行歌曲来启蒙，流行音乐是一种快餐文化，更重要的是流行音乐的音域与孩子的音域并不相符。快餐可以用来调剂生活，但真的有营养的还是那些有气质的乐曲。

父母在选择音乐时，尽量选择一些节奏轻快、曲调有韵味儿的乐曲，特别是钢琴曲、中国民乐等，要相信没有填词的乐曲才会有更大的想象空间，提高孩子的感知力和领悟力。这个过程也是一个"熏"的过程，一段时间后，父母便可以放一些正规的音乐，让孩子从感知向表达转化，从学习单纯的节奏、旋律等向音准方面过渡。如果有可能的话，也可以进入专业知识的学习阶段了。

第三，名师出高徒。

无论是绘画还是音乐，如果想把握住这一天赋一定需要一位领路人，绘画的学习阶段可以相对较晚一些，可以让孩子尽情地发挥想象力；但是音乐却不同，在孩子的音乐敏感值达到顶峰时，父母便可以让他学习专业知识了。

一般情况下，如果孩子在幼儿时期表现出了对音乐的高度热爱，那么父母便可以在他3到4岁时为其找专业老师了。因为此时期学习能力开始启动了，有天赋的孩子后天的学习力也是很重要的。

当然除了以上建议之外，还要强调保护孩子的音乐敏感期，抓住这一时期并好好利用，为孩子的音乐天赋开启一条通道。

趣味小实验，增强动手体验，寻找问题答案

生活中我们会发现，孩子的"实践"执行力是很强的。孩子降生后，他们的小手就开始感受各种各样的触觉，随着年龄的增长，便不会满足单一的触碰，而是开始进入了"开发"阶段，这也是处于事物敏感期孩子的共同特性。他们的好奇心大增，喜欢并渴望用自己的"实践"来解开各种谜团。此时，父母可以与孩子一起动手实践，最简单且实用的就是设置各种趣味小实验，不仅可以满足孩子实践的渴望，还可以增强动手体验，用实验来解密，寻找问题的答案。

孩子在事物敏感期中，看世界都是充满疑问的，他们不只是希望从父母那里得到答案，更希望可以亲手"制造"答案。此时，父母便可以抓住孩子的这一特点，为他设计各种动手实践的小实验，并与孩子一起完成。在这种融洽的亲子关系中，不仅增强了孩子的动手能力，还可以让孩子体会到更多，如勇敢、坚持、自信等，这些在以后的成长中是十分可贵的。

身为父母，在孩子的事物敏感期中，也要有一双善于发现问题的眼睛，你要留心孩子的兴趣，在教育学中常遵循"不愤不启，不悱不发"的原则，当孩子产生疑问时，你便可以在旁进行引导了。我们做小实验的目的是提高孩子的动手能力且让孩子在实践中解决心中的疑惑，有些父母常常为了实验

而实验，或者他们觉得孩子要学习了，于是安排了小实验，这些做法都是错误的。

一天，邻居家的小朋友来我家玩，我便将客厅让给了他们，自己到书房读书。大约过了半小时，我儿子突然大哭起来，我以为小朋友发生了矛盾，便没有马上出去，但是听着儿子并没有停止的样子，便出去看。

我刚进客厅，就发现儿子抱着他的一小碗紫薯粥大哭，邻居家的小朋友一脸无辜地站在旁边有些不知所措，见我出来，他竟然也大哭起来。

"怎么回事？你们为什么哭呀？"

儿子见我问，抽噎地回答说："妈妈，哥哥给我下毒，我没看到就喝了。"

邻居家的小朋友赶紧解释说："没有，阿姨，我就是给他倒了水。"

我哄好他们两个人，听他们解释了好一会儿才明白。我儿子特别爱喝紫薯粥，所以冰箱中会常备一些。今天邻居家的小朋友来玩，他便准备拿粥待客。两人端起粥喝了几口后感觉有些凉，邻居小朋友便提议往粥里加一些热水，于是他们便往粥里加了水，加水后儿子喝了几口，结果一看粥由紫色变成了青色。在他的印象中，所有青黑色都是有毒的，他便以为自己喝了有毒的粥才大哭起来。

了解原因后，我将他安慰一番，然后对他们说："紫薯粥很活泼，它和变色龙一样会变色，我们要不要试一试？"

两个人的兴致瞬间高涨起来了，于是我准备好紫薯粥、碱水和白醋，让他们动手做了一个酸碱变色实验。两个小朋友很认真地完成了实验，当看到颜色变化时他们兴奋大叫，最后两人还总结出来很多变色规律。

生活是多姿多彩的。孩子对这个世界有太多的不了解，而很多时候我们总是将知识强加给孩子，剥夺了孩子探索能力的展现机会。也许很多父母还存在疑问，趣味小实验有没有什么固定模式，是不是需要很复杂的准备呢？

答案当然是否定的。

这些小实验不一定是一些专业性质的物理、化学等实验，大家可以就地取材，在孩子有疑问时让他们亲自动手实践。久而久之，他们便明白，当有疑问时理论与实践相结合才是最好的解决办法。而且父母用心准备，孩子会从中感受到温暖，也会感受到父母的良苦用心，增近亲子关系。

比如，当孩子问你风是怎样形成的，你将如何回答呢？我们便可以用实验来证明，你可以准备小纸条让孩子吹起来形成风，也可以什么都不准备，将问题交给孩子，让孩子制造风。无论哪一种方式，孩子都会得到锻炼，动手能力都会得到相应的提高。

现在市场上也有很多手工实践套装，如电磁类、科学类等。父母可以按照孩子的年龄进行选购，但是需要提醒的是，我们做趣味小实验的目的要明确，不要让一些套装迷惑了孩子，或者让孩子感受到挫败感。对于事物敏感期的孩子来说，挫败感是不可踩的雷区，而这些挫败感往往都是父母对孩子的过高要求带来的。

这个时期形成的"动手习惯"，会成为孩子将来获取知识、展现自我的有力武器。因此现阶段父母一定要有意识地去帮助孩子实践，但一定不要替孩子实践。请记住一句话：优秀的父母是在站旁边胸有成竹的助威者，而不是指挥官。

第十章

阅读体验敏感期：
陪孩子一起为书本着迷

　　高尔基说："书籍是人类进步的阶梯。"阅读可以帮助孩子拥有更多的知识，开阔视野，陶冶心灵。但是你知道吗？一个孩子的阅读习惯在幼儿时期就需要培养了，孩子未来对书本的热爱程度源于这个并不十分惹眼的阅读体验敏感期。

读什么，怎么读，这些你都知道吗？

"书籍是人类进步的阶梯。"你听到这句话可能很熟悉，而在电子产品横空出世的今天，你觉得书籍还应该成为孩子增长见识的载体吗？如果你的答案是肯定的，那么你会选择什么书推荐给孩子，又会如何引导孩子阅读呢？这可能是许多父母的疑问吧？其实，良好的阅读习惯是从幼儿时期就需要养成的。

幼儿的阅读体验敏感期在4到5岁半之间，尽管有些许个体差异，可当你发现孩子最近爱翻书了，虽然还不识字但看着书中的图片总会讲上那么一两句；对放书的地方比较感兴趣，且看到哪个图片也会认真地看一会儿；喜欢听你讲故事了，而且还喜欢上了编故事……这些都证明孩子可能进入阅读敏感期了。

此时，你便可以用书籍来满足孩子的阅读体验了。其实，很多父母的阅读意识还是不错的，为了让孩子喜欢上阅读，在孩子很小的时候就买了各种各样的绘本、故事、卡片等来培养，而且有些父母这种培养方式也的确取得了成效。但是还有一部分父母也因此陷入了困惑，孩子满周岁就买了卡片、书籍，但是看上去他并不喜欢读，甚至还会用这些来做玩具，撕、咬等，于是便给孩子下了判断：孩子不喜欢阅读。

是孩子不喜欢读书吗？是你没有选择在合适的时机把阅读带给孩子呀！大部分孩子真正的阅读敏感期是在4岁以后，所以孩子4岁后，父母引领孩子去阅读才是最佳时机。此时，父母便可以选择一些绘本类图书来引导孩子，并不建议父母拿着识字卡片去引导阅读，因为识字、拼音等书籍所传递的信息是知识，而此时我们需要传递给孩子的信号是兴趣。

"绘本"这个词是一个外来语，其实绘本就是图画书，版面以图画为主，然后加入少量的文字，非常适合幼儿来阅读。且绘本主题内容种类也很多，父母可以从众多种类中找到孩子的阅读兴趣点，从而发掘孩子喜欢的阅读种类。

第一类，经典故事类。此种类的绘本在市面上有很多，大多是以经典的童话、神话、名人事迹等古今中外的故事为主题，配上精美的图画，可以让孩子提前接触这些源远流长的故事。

第二类，成长题材类。此种类的绘本大多以安全、情绪、性格等养成教育为主题思想，选择一些与之相对应的故事，让孩子在故事中得到启发。而且这些主题的绘本也是很多父母的优先选择，因为此类书籍不仅可以培养孩子的阅读习惯，更能通过阅读使孩子得到成长。

第三类，科普知识类。此类绘本以动物、植物、科学等知识为主要内容，让孩子了解更多的知识，是幼儿获取知识类的书籍，虽然有些父母觉得此类书籍并无特色，但是却深受幼儿的喜欢，因为书中有太多新奇的知识，这类书籍可以让幼儿体验到阅读的满足感。

除此之外，绘本还有很多主题就不再一一列举了。最重要的是，在幼儿的阅读敏感期选择书籍一定要以幼儿为主，先满足兴趣，再说培养兴趣。

满足兴趣指的是让幼儿在自己感兴趣的基础上去阅读，不要将父母的意愿强加给孩子。也就是说，不要你觉得什么书好就将什么书给孩子，而是要看他想看什么样的书再去按他的兴趣选择书籍。当孩子对阅读有了足够的兴趣之后，再去培养兴趣。就是将你希望他阅读的书推荐给他，此时他出于对阅读感兴趣对你推荐的书籍也会产生兴趣。

带着孩子去阅读并不难，重要的是怎样读。根据实践积累的经验，可以告诉大家，真正的阅读不只是"看"，更重要的是"表达"。确切地说，我们读书的目的是什么？学以致用。

所以，在幼儿阅读敏感期时就要让幼儿形成一个良好的阅读习惯。最初父母可以陪孩子看图并将故事讲给孩子听，需要注意的是"讲"，也就是说，父母在给孩子读绘本时不要只读绘本中穿插的少量文字，而是要像"看图说话"一样将故事讲给孩子听。之后，父母便可以放手让孩子讲故事，父母变为聆听者。

近日一位朋友问我："一年级的看图说话的题目怎么这么难，我家孩子都看不懂。"

我便问："你之前没有让他读过绘本吗？"

朋友说："读过呀，我家有很多呢，他小时候我经常念给他听。"

我说："看图说话的表达能力是在幼儿阅读敏感期时就逐渐形成的。因为在他阅读敏感期时你并没有给他太多的表达机会，所以他现在缺少表达的自信心，便会对看图说话产生抵抗心理。你现在应该重视孩子的阅读了呀。"

朋友家的孩子平日说话并没有问题，表达也很清楚，就是落于纸上便开始犯难，其实这些都是在阅读敏感期缺乏表达体验造成的。所以，听、读、讲要合三为一，才可以全面地在阅读敏感期时形成良好的阅读习惯，从而爱上阅读。

读物，不应该超越孩子的认知限度

　　揠苗助长的故事已经家喻户晓了，可是现在很多父母还在无形之中对孩子做着揠苗助长的事情。随着信息技术的发展，很多父母看到了太多"天才"儿童的报道之后，就开始依此对自己的孩子进行培养，当听到有人说"现在的孩子越来越聪明了"，便会更加坚定自己的想法，对孩子进行超负荷的知识灌输，希望孩子更加优秀。

　　读书更是如此。我见过很多父母常常会不顾书上的推荐年龄，一味地让孩子"超前"读。这种心情可以理解，但可能会事与愿违，培养孩子的正确方法并不是揠苗助长，而是抓住孩子的认识发展规律，不错过激发机会，阅读更是如此。

　　孩子的认识水平是有规律可循的，且不可逆转，在合适的时机给予合适的培养才是最好的育儿之道。

　　一般而言，2岁以下的孩子主要是靠感觉和动作来探索这个世界，此时的书籍对他们来说是以"物"的形态意识存在的，所以此时的书籍对于孩子来说更像是玩具。因此他们爱撕纸、咬纸，那都是他们对物的探索表现。

　　市面上有一些2岁以下的读物，大多是以图片为主，父母可以买来与孩子一起阅读，图片中的景物会在孩子的头脑中形成影像，以后再次见到时他们也会很准确地找到对应的影像，从而正确地说出名字。而且，现在2岁以下的读物设计得也很合理，比如圆角设计、纸张塑封加厚等，还有一些"布书"，既可以满足孩子的触感需求，又可以让孩子从中获得知识。

2到7岁的孩子进入了第二个认识阶段。此时也正处于学前阶段，而阅读敏感期也恰好包含在这个阶段之内，此时父母选择读物就要更加慎重了。

2到4岁的儿童思维已经具有概念性，此时他们可以将语言符号对应到具体的物体上，也渐渐具有了依赖表象的思维能力。在此阶段，父母可以多拿一些简单的绘本给他们看。绘本中精彩的图片会引起他们极大的兴趣，且绘本故事中人物的动作、性格等也会在他们心中留下印象，甚至会引起他们有意识的模仿。

从4岁开始，随着阅读敏感期的到来，父母一定要注意培养孩子的兴趣。如果在这之前已经读了一些简单的绘本，那此时可以读一些相对复杂的绘本、画报了；如果之前并未阅读，那现在父母也应该开始准备绘本给孩子阅读了。

除了绘本之外，此阶段也可以选择一些"游戏书"来丰富孩子的阅读种类，如思维能力训练类、立体书等。父母需要明白，此阶段阅读的主要目的是培养兴趣和习惯，千万不要总以"量"为目的，甚至购买文字量大、知识结构复杂的超出孩子认知限度的读物，这些读物会给孩子带来困惑，带来挫败和无力感，甚至让孩子产生抵触心理，这样就违背我们阅读的宗旨了。

7岁以后，孩子的思维就开始由具体运算能力向形式运算能力发展了，一般12岁左右，孩子的思维能力就与成人很接近了。此时，父母可以逐渐提高阅读量来培养孩子的阅读能力了。

有人曾经咨询过我关于名著阅读的问题，我的回答是："在合适的时期选择合适的名著读本。"读名著自然是正确的，但是在不同的认知能力下，父母也要选择名著的不同版本来推荐。比如在阅读敏感期时可以接触名著的绘本版，在小学阶段可以阅读名著的白话文版、简述版，而到了中学阶段，有了一定的知识储存量后就可以试着阅读原版了。

孩子的认知能力是有限的，父母想让孩子更加优秀，就要适时而作。比如，孩子的认知限度就像孩子的小手，父母哪怕抱来一整袋的米，孩子的小手一次抓起来的也就是那么一小把。如果父母总觉得孩子一次抓起的少，甚至拿着他的小手去抓，不仅孩子的抓米兴趣没了，父母的心情也会更加急躁。此时，孩子因抓不起更多的米而伤心难过，再加上父母的表现会直接影响到孩子，孩子心中便会产生自我否定，这种心理影响是不可逆转的，会陪伴孩子一生。

一次读书会上，我发现一个男孩儿的表现很奇怪，整个会场，有人在阅览区读书，有人在讨论区辩论……只有他，一个人默默地抱着一本书，低着头窝在墙角。我走上前说："你喜欢的话就去座位上读吧，那里比较舒服。"

他看了我一眼，轻轻微笑回答说："不了，谢谢，这样更舒服。"

"好吧。"我想人们的阅读方式很多，可能他就喜欢这样读书吧，便没打算继续劝，准备回到会场中。但是，他却突然站了起来，说："请等等。"

"我想问您一个问题，"他不好意思地说，"您觉得我可以读这种书吗？"

他的指缝中透出了书的名字，是一本哲学类的书籍，我点点头说："你喜欢那就可以读呀。"

"我，我学历不高，我妈妈说我很笨，我怕读不懂，但我又很喜欢。"

"喜欢就去读呀，读不懂可以找小伙伴一起讨论。"我以为他只是请教读书方法，便给了这个建议。

"不是。"男孩儿说，"刚刚我听到您讲的心理课程，我觉得我可能有些问题，小时候妈妈对我要求很严格，我从来没有听到过一句表扬，我总觉得自己很笨，其实我现在正在读研，这种书我是可以看懂的，但是我的潜意识总是在告诉我自己读不懂，我很矛盾。"

听后，我明白了，又是一个过度要求导致孩子心理产生偏差的例子。其实孩子的性格是通过环境及与人接触塑造的。最近常听到一句话："玩的时候母慈子孝，一写作业就鸡飞狗跳。"原因是什么呢？这也是父母站在成年人的思维角度来思考而引发的。

读书也是如此。不要总以自己的角度认为孩子应该可以，要站在孩子的角度根据其认知能力去协助孩子变得更优秀。请记得一句话：父母对孩子的教育不是拖拽，而是帮扶。

习惯成自然，为孩子制定固定的阅读时间

习惯是一种规律，阅读也是这样。如果在阅读敏感期帮助孩子养成阅读习惯的话，是可以影响孩子一生的。制定固定的阅读时间便是养成阅读习惯的第一步，而制定固定的阅读时间是需要父母帮助孩子来完成的。

在养育孩子时父母不难发现，幼儿虽然看不懂时间，但他们却极容易形成一种行为规律。这种规律如同人类天亮自然醒一样，是不需要用时间的概念来约束的。比如婴儿时期，如果母亲在晚上固定的时间醒来喂奶，用不了几天，婴儿就会在此时间醒来要奶喝。哪怕等孩子断奶之后，也会在这个时间醒来。再比如我们每天都在做的行为——一日三餐，我们每天都会有规律地吃一日三餐，但是真的是到下一餐时就已经饥饿难耐了吗？当然不是，人们早已形成了一种习惯。

提到阅读时间养成阅读习惯的问题，记得一位朋友曾得意地说过，孩子自出生后，她便开始每天晚上给孩子讲睡前故事，现在孩子都要听完睡前故事才会安心睡觉，睡前故事已经成为孩子的一个习惯。虽然看到她的得意我不想打断，但是我还是"狠心"地给她澄清了一个事实：睡前故事并不等同于阅读。

严格来说，睡前故事更有利于培养亲子感情，它是一种亲子相处方式，

可以使亲子关系变得融洽，给孩子营造一个安全、舒适的睡眠环境。但是，现在很多父母走入了误区，以为每天读一读睡前故事就会使孩子爱上阅读。其实，此时孩子对故事的兴趣只是出于好奇，也许会出于好奇读一读故事，但他更享受的应该是父母的陪伴阅读。

同样的道理，亲子阅读中的"我读你听"增强的也只是亲子关系，孩子到了亲子时间会拿着书让父母讲故事。如果父母拒绝的话，哪怕他能够读得懂的绘本，他也不会读，因为他的真正目的是享受亲子互动，而不是阅读本身。

当然，阅读敏感期的孩子可以从亲子阅读开始，但是要建立将亲子阅读与独立阅读结合起来的模式，逐步减少亲子阅读占用的时间，让孩子真正地爱上阅读，养成阅读习惯。在我的建议之下，朋友已经不再依赖于睡前故事，她的孩子今年已经上一年级，识字量也大大增加，她买了一些带拼音的文字量较大的绘本，在上午与下午各安排了一个时间点带孩子读书。

最初，孩子虽然对绘本上的图很感兴趣，但他还是缠着妈妈讲故事，于是朋友选择上午给孩子读绘本，下午孩子给妈妈读绘本的游戏。在游戏的动力下，她家孩子每天最喜欢做的事就是读书，上午听完妈妈讲，虽然阅读时间已经结束了，但他还是会自己再看上一会儿，有时自言自语地演练下午怎样把故事讲给妈妈，到了下午，他也会提前跑到小桌子前，等妈妈来听他讲故事。

这样的设计对于阅读敏感期的孩子来说很实用，不仅让孩子体会到了亲子间的互动，又培养了孩子自主阅读与表达的能力，是一举两得的好方法。且上下午的时间一定要固定，无论几点，重要的是一定要将此时间固定下来，最忌讳今天8点，明天9点这种，要明白，等待会消磨一个人的热情，孩子本来热情满满地等待阅读，你却将时间打乱，他们心中的排序也会被打乱，这对性格养成也是不利的。

我深知阅读会对一个孩子有多大的影响，所以我在孩子上幼儿园之后，就制定了阅读时间表，当时他只有2岁半，我每天坚持按表中固定的时间给他读书，听他读书。就这样一直坚持着，哪怕我有时忘记时间，他也会提醒我到阅读时间了。

现在，我的主要角色是"陪读"，他可以"磕磕绊绊"地靠拼音阅读了，且从中体会到了成就感。而我每天就拿一本我喜欢的书，在旁边陪着他。

他遇到阅读障碍时会对我说："不好意思妈妈，打断一下，我可以问您一下这个词是什么意思吗？"

偶尔我可能因为工作忘记了时间，等想起来再看他时，他已经坐在书桌前开始读书了。看到我默默地进来，他假意生气地说："妈妈，你是忘掉了最重要的事吧？"我听后觉得十分尴尬，但是也很欣慰，原来阅读已经成为他最重要的事情了。

有多少孩子天生就具有超凡的能力呢？但在后天成长过程中身为父母可以帮助孩子形成超凡的能力。阅读对孩子来说是可以影响一生的事，千万不要只为了一时清闲让手机、电脑、电视来帮着"看"孩子。每天拿出少量的时间陪孩子阅读，让阅读成为一种习惯，你会发现孩子的成长会给你带来惊喜。

别以大人的想法，规定孩子的阅读种类

最近我们经常听到"有一种冷叫你妈妈觉得冷，有一种热叫你妈妈觉得热。"可见父母在孩子生活中的参与度有多高，特别是涉及孩子的教育问题，父母的参与热情就会更加高涨。其实，参与是对的，亲子的亲密度高的孩子心理承受力及自信心会更强。只不过父母需要注意的是，不要将自己的观点强加到孩子身上，特别是不要以自己的思维去捆绑孩子。

在阅读敏感期的孩子对阅读是渴求的，且他们并不会如同大人想象中那样读"有益"的书，或者"专家推荐"的书。各种读物对他们来说都是新鲜的，越是没有读过的书，新鲜感就越大，吸引力也越大。

记得有一次与孩子在书店选书，我家孩子拿着购书篮，东奔西跑地翻选着，因为今天给他规定了购书的数量，所以他要反复筛选，找到最喜欢的书装在书篮中。我坐在一旁，打算随手翻几本，突然被几句争吵声吸引了：

一个小女孩皱着眉头对着身边一个同样皱着眉头的女子说："妈妈！我为什么不能读这本故事书？"

"孩子，老师推荐的不是那本，老师说你们现在要读与课本配套的课外阅读类的书。"女子也算是有耐心，虽然看出已经生气了，但还尽量保持着镇定。

"不！老师推荐的书没有意思，我就想读神话故事。"小女孩坚持抱着书。

"放下，好孩子！"女子打算从女孩手中抢走书。

"不要！"女孩更加坚定了，甚至开始威胁妈妈，"你再抢我就撕了，看你买不买！"

最终女子妥协了，买下了书，但还是嘟嘟囔囔地说着："这种书有什么用！有什么用！"

我看着她们走出了店门，再看看儿子还在兴奋地挑选着，陷入了沉思。我们是不是给孩子的框架太多了呢？在阅读兴趣这么大的情况下，不是应该多鼓励阅读吗？为什么要给孩子限制阅读种类呢？

仔细想过后，我也大概明白了。随着年龄的增长，学习压力的增大，越来越多的人开始注重语文，注重阅读，于是便出现了一批又一批所谓更加贴合学习要求的书籍。对于成年人来说，孩子阅读是为了积累，提高语文成绩等，自然会挑选专家、老师推荐的书籍；而对于孩子来说，阅读是一种乐趣，他们喜欢涉猎更多未知的领域，以满足求知欲。于是，父母与孩子的选择便会出现矛盾，大人总想以高姿态让孩子服从自己的想法，但孩子感受到的只有压力。

其实，孩子在阅读敏感期读书的种类越多，越容易找到最喜欢的阅读点。此时父母为孩子推荐书要尽量全面：故事类、科普类、学科知识、思维训练等越全越好，孩子阅读的种类越是全面，孩子的各项能力提高得也就越快，毕竟这个时代需要的既不是单一型人才，也不是书呆子。

虽然家长不可以把自己的想法强加给孩子，限制阅读种类，但是"好书推荐官"的责任也是可以尽到的。父母可以用合理的方法将自己觉得比较好的书单推荐给孩子：比如在孩子阅读时，你可以拿起需要推荐的书，读一会儿，然后故作赞叹："呀，这本书怎么这么好看？"也可以故意问："你读完这本书啦，真的那么好看，给我讲讲呗！"如果正在书店购书，也可以说："呀，那天你的老师推荐了这本书，也不知道好看不。"

总之，想要推荐不要硬给，可以用一些话语引起孩子的好奇心，你会发现，这种间接提示性语言比命令式话语更加有效。

当然，你也可以不说话，可以将推荐的书放在孩子随时可见、随手可拿的地方，通俗来说"混个脸熟"，当你不强推、不命令时，他们也许就会随手拿起读一读了。此时，有些父母可能会有疑问：不是说阅读敏感期培养的是兴趣吗？这种行为不也存在功利性吗？

其实，我们仔细思考就会明白，读书兴趣的培养不也是为了让孩子能主动读更多的书吗？我曾经也觉得把阅读当成兴趣就好，但是过了一段时间后就会发现，太随意地对待阅读，其实也是在消磨孩子的阅读兴趣及能力。

阅读种类我们可以尊重孩子的选择，将更多的种类当作兴趣去阅读，可以扩大孩子的视野与胸怀。但推荐类的书籍还是一样要读的，因为那些书提高的是孩子的阅读能力、表达能力等，是可以直接增加孩子知识积累量的。

在培养阅读力的同时，别忘了强化孩子的记忆力

图书对阅读敏感期的孩子吸引力极强，父母在这时期也会极力引导孩子的阅读兴趣，但是有些父母可能会发现，同样的阅读量，同样的阅读力，但不同的孩子"接受量"也不同。

原因是什么呢？其实很大一部分原因是阅读质量的问题，也就是说，父母在关注孩子阅读兴趣，培养阅读量的同时，不要忘记强化孩子的记忆力。

托尔斯泰曾经说过："我每天做两种操，一是早操，一是记忆力操，每天早上背书和外语单词，以检查和培养自己的记忆力。"试想一下，中国传统教育之中读书最重要的一个步骤就是背诵，老先生有节奏地反复读，学生有节奏地反复背，古人的教学就是通过这种传递方式将文化的精髓刻入骨子中的。

对于孩子来说，读书成为兴趣之后，锻炼记忆力就是十分必要的事情了。此处的记忆力训练并不是局限于读背中，阅读之后的表达更为重要。简单来说，读背是初级的记忆力训练，而表达才是高级的记忆力训练。

近年来，很多基础教育类的学校将经典诵背列入了选学或者校本课程，在学习力极强的小学阶段，读背并不会成为负担，因为此时学生的记忆力，特别是机械记忆力是最好的，反复诵读之后学生就会很快记住，而且此时积

累的内容会深入记忆，并直接影响到日后的学习生活。这就是老人常说的："小时候学的东西，一辈子都忘不掉。"

现代科学技术发达了，很多资料可能上网一搜就直接出来了。但对于古人来说，所有知识的获得都要依靠背诵，而背诵的方法就是"复现"。焚书坑儒之后，经典之所以被流传下来，就是依赖于幸免一死的老先生的记忆力，将经典口口相传下来。包括我们现在读的古代书籍中的不同版本，也是因为口口相传的偏差。但是，没有这些口口相传，我们现在便无法看到那些经典之作。当然，"复现"式的背诵是锻炼记忆力的方法之一，也是提高阅读质量的最简单的操作手法。除此之外，提高阅读质量还需要联系实际生活，加强理解。

我有一个学生，中考以全区第一的成绩升入重点高中，高考以全市前十的成绩考入名校。这个孩子在幼儿园时父母便为他准备了幼儿启蒙类的经典之作，所以在小学之前，他已经将《三字经》《千字文》及《声律启蒙》背得滚瓜烂熟了。

上小学后，他又读了很多著作，一般孩子在中学才会阅读的原版名著，他在小学六年级时就已经接触了。在他妈妈的朋友圈中，我曾看到过他读书的场景。在他的书桌上，触手可及的地方摆着几本工具书——《新华字典》《古汉语字典》《说文解字》和《英汉词典》等。他端坐在书桌前，左侧是他平时阅读的书，右侧还有一个笔记本。最重要的是，无论哪张照片中他都是拿着笔在读书，这个细节深深地吸引了我。

我好奇地问他的妈妈，她说："他喜欢将书中有趣的文字誊写下来，然后在睡觉之前背一下。"这样就不难解释他出口成章的原因了。

一次，我跟朋友在聊《诗经》，朋友随口说："真羡慕古人的随性，当不知道怎么表达心情时便手之舞之足之蹈之。"他突然对那位朋友说："不是不知道怎么表达，是表达已经达不到诗的情怀了，于是才会手脚并用地抒发。原文是，诗者，志之所之也。在心为志，发言为诗，情动于中而形于言。言之不足，故嗟叹之。嗟叹之不足，故咏歌之。咏歌之不足，不知手之舞之足之蹈之也。"

我俩都惊呆了，那年他才十岁。

其实，说到书要背诵的问题，还是有相当一部分人持反对态度的，特别是近代受杜威教育思想的影响，总觉得知识需要实用，只要会用就行，不用背诵。但仔细想想，知识需要后期会用，那还是以最初的记忆为前提的。背诵是将外部知识转为内部记忆的一个必要步骤，人类最原始的教育方法就是背诵，特别是中国古代的背诵，将文字转变为音韵后有节奏地背书，这便是强化记忆力最好的方法之一。

因此，父母在孩子的阅读敏感期就需要帮助孩子形成一个良好的阅读习惯。阅读习惯一旦形成，就会成为一种自觉动作，阅读质量自然也就提高了。培养阅读习惯的方法有很多种。

第一种，分蛋糕法。成本成章的大段文字背诵起来的确是个问题，此时您便可以截取小段，分小目标去做。我家孩子小的时候，常常会因为大段背诵而变得很急躁，我便给他做了一个小实验：

我买了一个十寸大的蛋糕，对他说："来，把它都吃掉！"

儿子皱着眉头看着我说："不行，我怎么能都吃掉，会撑死的。"

于是，我把蛋糕切成了十小块，说："你吃一块好不好？"

"当然！"儿子拿起一块高兴地吃起来。吃完后，他又问我："妈妈，我可以再吃一块吗？"于是我又给了他一块。

之后，我把剩余的蛋糕放入冰箱中。对他说："孩子，《三字经》是不是很难背？那我们也像切蛋糕一样把它分成小块吧，你如果吃掉一小块后，还想吃，可以再吃一块，怎么样？"

这个方法让他在没有负担与压力的情况下背完了《三字经》。

　　第二种，游戏法。幼儿最喜欢的活动就是玩游戏，也可以说游戏是幼儿在特定时期成长及获取知识的重要途径。所以，父母可以给孩子准备一些游戏与阅读相结合的游戏，比如"快问快答""积累展示""小小主持人"等，让孩子在游戏中将阅读的书籍"复现"，锻炼孩子的记忆力。

　　当然，除了以上方法外，父母还可以根据孩子的特点设计更多的方法，阅读力中，读只是一部分，读之后的用才是关键，而读、用转接的法宝就是记忆。

第十一章
文化学习敏感期：
孩子的好成绩在此一举

　　学习是需要人一生去做的事。其实决定孩子成绩的关键时期并非步入学校之后，而是他的幼儿时期。利用好孩了的文化学习敏感期，让孩子拥有学习的好习惯，会使孩子未来的学习生涯更加轻松。

答案不重要，重要的是过程与方法

你有没有发现最近孩子问题特别多？而且在他们的世界中一切都是充满疑问的，有些父母常常会被这一连串的问题问得崩溃，有的父母甚至直接拒绝回答。其实，这些行为说明孩子已经进入了文化学习敏感期。孩子3岁时，学习力就会展现出来，他们已经不满足于单纯的自我感知与探索，开始懂得向外界寻找帮助，找到问题的答案，此后孩子的学习能力也逐渐增强了。所以父母要抓住这一敏感期，引导孩子运用正确的方法去学习。

什么是正确的学习方法呢？简单来说，就是父母在孩子文化学习敏感期提问"为什么"时，需要给出的不是答案，而是得到答案的过程与方法。

文化学习敏感期的孩子很渴望获得知识，往往一个问题会连续问好几次。因为当父母告诉他们答案的时候，他们是似懂非懂的，多次问是为了将问题弄得更明白些，而对于这一时期的孩子，有些父母的处理态度是错误的。

有一些父母认为，儿童的追问就是"没长记性""啰唆""黏人"等，于是就对孩子表现出了不耐烦的情绪，殊不知这种情绪极有可能使孩子对学习产生抵触，也有可能导致孩子的性格发展有些偏差，甚至自我否定。

还有些父母习惯用"欺骗"的手段应付孩子的问题。如孩子提出自己是怎么来的时，以前老一辈父母常回答："垃圾桶里捡来的。"虽然一句话可以使孩子不再问下去，但这个答案可能会在很长的一段时间内停留在孩子心中，使其无法释怀。

再如，我亲耳听到一段这样的对话。

孩子问："天上的星星为什么一闪一闪的？"

爸爸愣了一下回答："可能是电压不稳吧，你看咱家灯电压不稳时也会闪。"

妈妈在一旁皱了一下眉毛，斥责孩子爸爸说："你可以说不知道，为什么要编一个理由呢？"然后对孩子说："爸爸说得不对，但妈妈并不知道为什么。这样吧，我们上网查一下，看看是什么原因可以吗？"

孩子点点头，凑近妈妈等待搜索结果。

其实，很多时候处干此敏感期的孩子提出的问题是五花八门的，涉猎也极广，我们可能真的回答不出来，但千万不要编一个答案去应付孩子。长久下去，当孩子知道正确答案之后就会对父母产生不信任，更严重的是他可能会在以后的生活中产生不信任任何人的性格，也会学会欺骗。

对待孩子的问题，父母最正确的解决办法就是与孩子一起去解答。如上面故事中的妈妈，她的做法无形之中就教会了孩子解决问题的一个方法——上网搜索。这样可能孩子将来再遇到问题就会懂得运用这个方法来寻找答案。而且，孩子处于这一时期时，父母要尽可能地建立一个良好的学习环境，教会孩子运用自己的知识和方法，独立寻找答案。

20世纪90年代，我学画画的时候遇到过一位老师，他可以算我的启蒙老师，但如今想来他是一位失败的师者。我跟他学画一年，会临摹却无法自主作画。因为他教我画的每一幅画都是用拷贝台做的白描，然后用他调好的色彩进行填充。所以，我那一年虽然画了很多看上去优秀的作品，却无法独立完成一幅画。

后来，我遇到了我的恩师，她是一位极擅长引导的老师。从她那里我懂得了点与线、布局、色彩原理等，而我每一次新知识的学习都是在自我探索和修正中独立完成的。

一次，我需要完成一幅葡萄的作品，但那个渐变的紫色总是突兀，在调了两三次后，我便想请她帮我调，她看了看我的调色盘，说："嗯，很好，你懂得红和蓝的结合，但是中国画中的水也是一种色彩哦，你是不是可以试试？"

经过她的提醒，我又继续调，终于调出了满意的色彩。

其实，孩子的认知是需要一个过程的，而且他们的探索能力也是极强的，父母与其直接给他们一个答案，不如给他们一个探索的机会。因为这种寻找答案的过程，不仅会指向问题的答案，而且过程中的经验和方法更是他们一生的财富。

孩子学习探索的过程就是了解世界奥妙的过程，是满足好奇心和求知欲的过程，是发掘自身潜能的过程，更是超越自我的过程。同时这个过程也是父母一路陪伴，帮孩子创造环境，让孩子体会到学习乐趣的过程。

家有好动娃，如何让孩子在书桌前耐心坐下

活泼好动是孩子的天性。除人类外，小动物在幼年时期也是活泼好动的。当孩子渐渐长大，进入文化学习敏感期后，孩子会对知识开始感兴趣，此时大部分孩子会保持一定时间的注意力，安静地坐下来读书学习，且专注时间也会逐渐增加。但是，还有一小部分孩子并不能如父母所愿安静下来，他们虽然并非多动症，却也是手脚不停。此时，父母需要完成的第一个任务，就是让孩子能安静地坐在书桌前。

这个时候有些父母可能会产生疑问，好动不是说明孩子活动力强吗？就连冰心都曾经说："淘气的男孩是好的，淘气的女孩是巧的。"其实，这里的好动与淘气指的是孩子动时能动，静时能静。好动的孩子最大的问题是注意力与意志力的问题，也就是说，孩子天生多动，但有些孩子能凭意志力让自己注意力集中起来；还有一些孩子是无法完成自我克制的，让行动支配了思想。

之前有个学生小时候十分活泼好动，等上小学后，老师便常常在家访中提醒家长要注意孩子注意力的问题。因为他在课堂上总是无法集中注意力，当所有小朋友手背后认真听课时，他都把书桌弄得吱吱乱响，在书桌与椅子的空隙里钻来钻去，甚至有时玩得高兴了还会直接趴在地上打滚。

父母对于孩子的这些行为没有引起重视，甚至还觉得有趣，听到老师多次提醒都没有纠正，反而跟老师说："我的孩子学会知识就行。那是天性，你们不能破坏，我们不想让孩子成为学习的机器。"

现在，这个孩子进了我们班，虽然中学后的他并不如小时候那么多动，但他的注意力和意志力却很差。大部分学生都能坚持下来一节40分钟的课，他到一半时就开始打哈欠，左右扭动，虽然能看出他在极力控制自己，但他真的无法控制。而且体育课中一些项目，女生都能坚持下来他却无法做到，他曾经跟我说："老师，我真的没有办法，现在我要控制自己时，就会心烦意乱，潜意识告诉我不行，我打败不了它。"

之后，通过和家长沟通，我们采用了一些方法渐渐帮助孩子做训练，他的父母对此也是后悔不已，后悔在孩子小时候没有纠正，还以此为乐。

其实，没有器质性病变的话，每个孩子到达一定年龄后都可以"安静"下来的。一般情况下，从3岁开始进入学习敏感期之后，孩子的有意注意已经出现了，虽然不太完善，但可以短时间对某一对象专注。如果父母能正确地引导，孩子的注意力可以集中3到5分钟。4岁以后，随着孩子的成长，语言能力快速发展，如果加入父母良好的教育引导，孩子的注意力可以集中10分钟左右。5岁后，孩子的注意力迅速发展，专注时间可以达到15分钟，此时完全可以加入一些时间较长的游戏或者课程，孩子也可以完全适应节奏。

7岁后，孩子进入小学阶段，这也是真正学习阶段的开始。此时孩子的注意力也快速发展，在正确引导且条件具备的情况下，正常课堂时间是完全可以保持专注的。虽然此时还很容易受到周边环境的影响，缺乏稳定性，但保持20到30分钟的专注力大部分孩子都可以做到。

了解了孩子各年龄阶段的注意力发展特点后，父母便可以有针对性地进行引导了。父母可以参考孩子各年龄阶段的注意力集中时间，对孩子进行训练。

首先是静坐训练。此训练模式最典型的特点是在父母的监督下有条件地静坐。这种静坐可以是专注安静地坐着，也可以是安静地专注做一件事，此训练需要父母参考注意力集中时长来制定静坐时间。比如，一个5岁孩子的注意力集中时间为10到15分钟，最初训练时父母可以从短时间起步，如5分钟、8分钟、10分钟等，最终达到15分钟的高度集中。

我曾经帮一个十分好动的孩子制定过一个方案，再加上父母的高度配合，完全达到了预期效果。孩子今年6岁，马上就要上一年级了，可在幼儿园中就多次被老师告知多动，不仅自己好动，甚至还会影响到其他小朋友。孩子马上就上一年级了，父母对此很苦恼，于是找我来咨询。

针对这个小朋友的情况，注意力的训练是从10分钟开始的。第一周，完成10分钟的静坐。父母帮助孩子调整好正确坐姿后在一旁监督，监督孩子安静地坐上10分钟。最初孩子10分钟都无法坚持，父母就多次纠正，一周后，孩子可以完成静坐。第二周，加入干扰后静坐，时长仍为10分钟。一般情况下，静坐只需要孩子强迫自己坚持就可以，是很容易做到的，但加入干扰后，孩子的思绪就会跟随干扰对象，也就是说孩子可能会在有干扰的情况下忘记静坐的任务，无意识地动起来。干扰不是环境影响，而是一些正面干预，如讲故事、思维游戏等。孩子第二周训练也完成得十分出色。之后两周时间还依此方法进行时长训练，一个月后，孩子的注意力有了明显提升。

这种训练方法就好似大学军训时每天最重要的训练科目——站军姿。军人能如此挺拔，纹丝不动，是要经过长时间操练才可以做到的。

其次，在训练静坐时，也可以结合一些游戏加以巩固。尽量选择一些孩子感兴趣的事情，像拼乐高、搭积木、拼图等游戏是需要耐心和坚持的，这种游戏不仅可以满足孩子的游戏欲望，更是无形之中锻炼了他们的注意力。当然，还有一些感统训练游戏父母也可尝试，对孩子专注力的培养也是十分有效的。

　　最后，如果你的孩子十分调皮，无法完成训练，希望你仍要继续坚持。当然也可以结合一些体能消耗类游戏，孩子的体力消耗后，动作自然会减少，但一定要把握好度。

　　除此之外，父母最好带孩子多走走多看看，满足他们的好奇心，在事物敏感期就要给孩子创造一个良好的环境，养成探索为先的习惯。孩子一般会对自己感兴趣的东西十分专注，此时父母一定不要打断，因为这种专注比你设计的任何一种训练方式都更为有效。

死记硬背，孩子太累，效果不佳

之前的章节中涉及记忆的问题，其中最重要的一点就是背诵，但是背诵最有效的方法又是什么呢？对幼儿时期的孩子而言，方法极为简单，就是反复诵读，可能有些时候他们自己都不知道什么意思就记住了。但是，随着孩子逐渐长大，死记硬背就会成为一种低效的方法。这是什么原因呢？让我们先来了解下人类记忆力的遗忘曲线吧。

德国心理学家艾宾浩斯曾经提出了遗忘曲线的概念，经反复实验观察证明了人类记忆遗忘是有规律的，遗忘进程并不均匀，发展也是先快后慢。举个例子，当我们接收到一个新知识时，信息输入大脑经处理形成记忆，同时遗忘也由此开始了。如果我们想记住就要通过"复现"的方法来反复记忆，当记忆达到高峰遗忘到达底线后，记忆也就完成了。但是这种像知识点，如果在一段时间后没有复习，仍会使遗忘的峰值上升，最终被忘记。只有按规律完成设定好的"复现"后，才可以形成永久记忆。

幼儿是以机械记忆为主，伴随有情绪、形象记忆的特点，他们的遗忘率也是最高的，且无意识的记忆比有意识的记忆要更容易遗忘，记忆的精确度也很低。因此，孩子通过死记硬背学到的知识，可能一段时间后就会忘得一干二净。

其实，无论是成人还是孩子，死记硬背只能累到自己，不如找到适合自己的记忆方法，克服遗忘，使记忆更加深刻。

艾宾浩斯还做过这样的实验，他让实验者记住12个无意义的音节，结果需要平均重复16.5次才能完成记忆；记住36个无意义音节，需重复54次；而换一种方式，记忆6首诗中的480个音节，结果平均只需要重复8次就完成了。

这说明了什么？说明有知识体系的知识更加好记，也就是说我们在大脑中经过加工理解的知识，需要"复现"的次数会更少，且不容易遗忘。比如，大家可以进入回忆，你会发现你可以想起小时候发生的很多事，也可以片段地想起上学时与同学的故事，但是对于一些需要背诵的知识，你并不能像之前那样系统地背下来。

人对情绪、形象的事物记忆是很深刻的，且不需要复现，那是因为这些都是在大脑中再加工后的记忆，简单来说就是之前老师经常说的"要理解之后再背"。那么怎样帮助孩子在理解的基础上去背诵呢？就让我们看以下几种方法吧。

第一种，思维导图。

思维导图顾名思义指的是将知识点转化为导向图加深大脑的理解和记忆。近年来，思维导图的记忆方法被越来越多的人推崇，无数的实践表明这种方法也是实用的。

记得上学时，读了几遍的《红楼梦》总是弄不清人物关系，后来有同学出了主意，我们将《红楼梦》中的所有人物关系画成了图，关系摆在纸上一目了然，现在想起来关系图仍是历历在目。

其实，思维导图就是将抽象的知识转化成了形象的记忆符号、图例，与人类的无意识记忆相契合，将机械的记忆转化为形象记忆，此方法当然远远超过费时费力的死记硬背。

第二种，知识点关联法。

知识点关联是利用已存知识与新知识的相互联通，达到用旧知识来记新知识的目的。此方法有同类和相反两种，可以根据不同的知识链接进行切换。同类的如，在已知李白是诗仙的基础上，联系新知识，杜甫为诗圣，李贺为诗鬼等。相反的如，太阳与月亮在地球上看来都是发光的，但是太阳是自发光，而月亮是反射光。

这种方法可以应用到各种知识点中去。久而久之，人的头脑中会形成一个较大的知识体系网，随时可以提取。

第三种，知识讲解法。

一些抽象的知识点或者古文是孩子最痛苦的记忆点。此时就需要通过老师、父母的讲解之后再去记忆。你也许有疑问，幼儿也需要讲解吗？他们不都是机械记忆吗？通过讲解，他们就能听得懂吗？

其实，孩子的理解能力是不容小觑的，用处理好的解释来替代抽象的知识点，孩子是完全可以理解的。父母在讲解这些知识点时也要做到将复杂问题简单化，将抽象问题具象化。

曾经有人用最通俗形象的语言给孩子们讲物理，孩子们居然也可以听懂，还被里面的小实验深深吸引。

总之，无论你用何种方法，最重要的还是要考虑孩子的接受能力，死记硬背虽然可以达到记忆的效果，但是这种方式要求孩子完成多次的"复现"。这对孩子来说就是一种负担，不仅孩子累，而且效果也不是很好。

所以，当孩子进入文化学习敏感期后，就要有选择地去培养孩子的学习能力了，有些孩子因为父母的正确引导，找到捷径，走得更远；而有些孩子付出了太多的心血，却没有完成自己最初的梦想。希望父母在合适的时候选择最恰当的方法去引导，抓住孩子的每一个敏感期，启动孩子的高天赋。

培养时间管理能力，提升孩子的学习效率

孩子上一年级后，很多父母会因孩子的磨蹭而心烦，无论是吃饭、写作业，还是上学、出门等，孩子都会给人慢半拍的感觉，哪怕父母再三催促还是照样磨蹭。其实，这都是孩子时间管理能力差的表现，而这一能力是需要在孩子幼年时期就开始培养的。当孩子具备时间管理能力之后，便可以安排好自己的学习生活，使时间运用变得更为有效，从而提高学习效率及生活管理能力。

一般情况下，孩子在1岁后，父母就应该逐渐引导孩子懂得时间的概念了；2岁开始就要帮助孩子正确认清时间的概念，从而让他们学会合理地安排时间。虽然此时他们对时钟数字并不感兴趣，但是父母可以协助孩子固定好自己的作息，最重要的是父母在与孩子进行有关时间的任何互动中，不要表现推脱、延迟或者提前等一些令孩子困惑的行为。

我常常看到有些父母，明明与孩子已经制定好了时间表，却又临时更改，或者总是依照自己的时间来打破已经制定好的作息规律。比如，当你9点上班时，你要合理安排好孩子的时间。假如平日孩子吃早饭的时间为15分钟，那你就要在8点半之前起床，千万不要卡着点，急匆匆地赶时间，因为孩子的吃饭时间是规律的，而你因为起晚而反复地催促，孩子就会陷入急躁

的情绪之中，不仅不利于身体消化吸收，久而久之，孩子的性格也会随之发生改变。

某天我与孩子在楼下玩，听到一位妈妈对女儿说："我们再玩10分钟就回家，好不好？"女儿乖巧地点头答应，妈妈开始在长椅上玩手机。大约过了半个多小时，这位妈妈对女儿说："10分钟到了，我们回家吧。"女儿点点头，跟着妈妈回了家。

后来，我又在楼下碰到了这对母女，妈妈正在训斥女儿："我让你快点换衣服出门，你怎么这么慢？看，现在都快误点儿了。"

女儿一脸委屈地说："你不是说有10分钟吗？"

"是啊，只有10分钟，你为什么不快点？"

"10分钟不是有很长时间吗？怎么突然变短了？"女儿不解地问。

"本来时间就短！快点吧你！别问了！"妈妈拽起女儿向小区门口跑去。

望着她们的背影，我有些感叹。父母总觉得孩子对时间是没有概念的，于是总以时间限制为借口来约束孩子的行为。殊不知孩子虽然不认识表的指针，对分秒没有确切的概念，但是他们心里有自己判断时间的方法，他们也会纵向比较。

为了让孩子对时间做到心中有数，我曾经与孩子做过一个沙漏实验。我准备了4个同样的沙漏，对儿子说："下面我们来看一下1分钟、5分钟、10分钟和30分钟我们都能干些什么吧。"

对此感兴趣的儿子满口答应，我将4个沙漏分别按时间调好，首先翻转了那个1分钟的沙漏，他便开始拼起了乐高积木。"时间到！"突然听到我喊停的声音，他吓了一跳，因为他刚刚将积木从盒子里拿出来，还没摆时间就到了，他满脸不解，我说："这就是1分钟，很短的时间。"

之后，用同样的方法完成了5分钟、10分钟和30分钟的任务，结束实验后，他对我说："妈妈，时间是走了就没了吗？我希望时间能再长一点，我都没有拼完呢！"

我笑笑对他说："时间对每个人而言都是匆匆而过的，就看我们是不是把握住了这分分秒秒。"

其实，孩子做事磨蹭在很大程度上就是对时间观念不清晰的原因。孩子进入3岁以后，父母要特别注意孩子时间管理的培养。比如，可以给孩子准备一个计时器，并制定好一张作息时间表及日程表，让孩子在规定的时间内完成表格中的全部任务。比如吃饭时间为半小时，如果在半小时内还未吃完，就在表中贴一个"哭脸"，如果按时完成了就贴一个"笑脸"，在积攒到一定数量的笑脸后可以适当地给孩子一些奖励。这样不仅锻炼了孩子的时间管理能力，同时也纠正了孩子做事磨蹭的坏习惯。

需要注意的是，孩子在训练过程中，父母应该采取旁观和总结性指导的教育方法，不要总是以焦躁的态度来催促，往往越是催促，孩子的动作就会越慢。因为，父母在催促中表现出来的生气，孩子并不会直接理解成"因为我慢了，所以才生气"。他们可能会加入自己的判断，如"我做得不好""爸爸妈妈不喜欢我了""我是一个坏孩子"等，因此你的催促就会让孩子不知所措。

当然，培养孩子时间管理能力的方法也可以借助一些必要手段，即让孩子充分体会到拖延所带来的不良后果。比如孩子起床拖延，父母不必催促，任其发展，如果迟到的话，他必然要自己承担后果。同样，如果孩子时间管理得当，快速高效地完成任务后，父母给予奖励，这便是正面引导。

需要注意的是，父母也不要采用施压的方法来敦促孩子。比如，有些父母常常会跟写作业磨蹭的孩子说："你快点写，半个小时写不完，我就再给你加10道题。"最初可能这种方法管用，但时间久了，孩子就干脆不再提高速度了，因为作业写不完加10道题，10道还是写不完，但最终妈妈是允许孩子去吃饭睡觉的，这样算来自己不用赶时间，也不用写那些加题，无非是少玩了一会儿而已。

因此，父母在培养孩子的时间管理能力时，一定要注意方法得当，以提高孩子的能力为目的，把时间留给孩子去支配。请相信孩子的能力，他们往往没有你认为的那么没有自制力。

别怕孩子异想天开，鼓励孩子进行发散思考

从古至今，每项新科技的发明必不可缺的就是创意，而创意的基础就是想象。孩子的世界与成人的世界是不同的，孩子的想象力与成人也是不同的，而父母需要做的就是保护好孩子难得的想象力，不要怕他们异想天开，他们的异想天开是推动时代进步的动力。

牛顿如果没有对苹果的思考，人类还不懂得万有引力；爱迪生如果不异想天开地发明了电灯，人类还处于用火照明的初级阶段。每个孩子都有丰富的想象力，只是随着一些规矩及刻板印象的加入，孩子的思维变得局限起来，而随着发散思考的减少，孩子就会变成一件复制品，丢掉了最可贵的想象力。

还记得那个著名的圆圈测试吗？黑板上画了一个圆圈，分别请不同年龄段的人来猜测画者画了什么。大学中文系学生看到后，哄堂大笑，他们觉得测试者太过幼稚，并拒绝回答这个问题；中学生中的一位尖子生第一个发言，确定地说："是零。"差生也抢着喊："是英文字母O。"全班同学目光投向班主任，等待答案。一年级的小学生对这个问题十分感兴趣，他们也是异常活跃。"句号。""月亮。""烧饼。""乒乓球。""老师生气时的眼睛。""我家门上的猫眼。"……

这个测试的题目为"人的想象力是怎样丧失的"。在测试学生之前，也测试了一些成年人，他们看起来很有顾虑，并不能直接正面回答问题。那人的想象力是怎么丧失的呢？孩子的思想纯真无邪，他们想到什么就会说什么，而且世界在他们眼中是五彩缤纷的，也许在成年人看来，孩子的回答是错误的，或者孩子的想象力显得有些幼稚，但这些幼稚的思想就是想象力发展的根源。

上午我在整理稿件，儿子拿着空白画册和画笔在我身边涂鸦，我偷眼看去，似乎在画《植物大战僵尸》中的植物们，虽说画得较为抽象，但还是可以看出个所以然来。令人佩服的是，他竟然安安静静地在我身边画了一个多小时。

我完成工作后，儿子兴奋地说："妈妈，我把'植物大战'和'我的世界'结合在一起了！"然后边展示他的画作边给我讲他编的故事，我在旁边也附和着。虽然觉得很荒诞，但还是暗暗佩服他的想象力。

也许是因为我的赞美，他十分得意，下午下楼玩的时候他便带上了自己的画作，估计是要展示给他的小伙伴们看。果不其然，他十分得意地跟朋友讲起他画的"故事"，几个小朋友时而惊叹，时而兴奋，跟着儿子的故事节奏玩得不亦乐乎。

这时，突然跑来几个大约是五六年级的大孩子，一把夺过儿子的画，高高举起，嘲笑道："大家快来看呀，他说这是豌豆炮，他还说这是克莱姆踩到了土豆地雷。两个游戏怎么能合成一个游戏……"

儿子极力想拿回自己的画册，跟着大孩子的手使劲儿地跳着。我在一旁皱着眉头，但还是忍住了，我想看看儿子是如何处理这些事情的。只见他停止了跳跃，大声说："马上还给我！"然后一把拉住大孩子的另一只胳膊。大孩子被他的行为吓了一跳，马上把画册还了回来。儿子拿着画册，低着头站在原地。

我看不下去了，马上上前安慰，儿子眼含着泪，问我："妈妈，我画得不好吗？"

"我觉得以你现在这个年纪，已经画得很好了，但大哥哥可能画得更好，因为他像你这个年纪的时候就开始画画了，画得时间比你长，所以可能画得更好。"我回答说。

"也许吧，但是，妈妈，我觉得大哥哥说得不对，他的思维太死板了，为什么两个游戏不能画在一起呢？"儿子原来是在说这事儿呀，我还没来得及回答，他就继续说，"我想，有一天我要设计一款游戏，让好多游戏串在一起，每个游戏中的人物都能成为好朋友。"

我点点头。

孩子的世界是成年人猜不透的，大孩子因为受到了更多的思维限制，觉得这种想象并不合理且十分可笑；而小朋友却觉得十分合理，而且一切都有可能。关于儿子最后的想法，站在成年人的角度可以告诉他："那也是一种侵权。"但是，这个道理总有一天他会明白，现在又为什么要打破他的梦呢？

孩子的想象力是成人无法估计的，父母对孩子的这种异想天开不要急于否定和打击，因为一切创意的基础不都是这些异想天开吗？随着孩子年龄的增长，条条框框的东西他们会慢慢了解，不要在孩子可以想象的年龄打碎童年的梦。保护孩子在童年时尽情地发挥想象力，等长大被知识框架限定的时候，他们童年时的灵感也会化为奇妙的创意，而这个创意可能就是他们成功的方向标。

第十二章

叛逆厌学敏感期：
耐心疏导孩子的抗学心理

　　大家都知道青春期的孩子叛逆，你可知道幼儿时期的孩子也会叛逆吗？无论是哪个时期的叛逆，最严重的就是厌学。本来孩子正处于学习的最佳时期，如果此时有了抗学心理，是很严重的。父母此时一定要耐心疏导，用正确的方法疏导。

孩子为什么厌学？找到原因才能正确疏导

自从孩子有了自我意识，他就拥有了各种各样的情绪，也有可能产生叛逆的情绪，加之父母可能在孩子叛逆敏感期时没有正确地引导和沟通，则会导致叛逆表现得更明显。

一般情况而言，每个孩子都会经历叛逆期：2岁左右会经历"宝宝叛逆期"，6到8岁是"儿童叛逆期"，12到18岁是我们熟知的"青春叛逆期"。在这些阶段，如果父母可以真正做到尊重孩子、与孩子平等交流沟通、懂得倾听孩子的心声，孩子的叛逆可能不会那么明显。如果父母在孩子叛逆期时处理不当可能会给孩子带来长久的影响，且这些影响都是不可逆转的。

其中最令人担忧的就是叛逆厌学敏感期。孩子从上学开始，厌学情绪可能会随时出现。特别是叛逆期时尤为明显，往往很多父母对这一情况束手无策。厌学是什么？其实它也是一种情绪的表现，对待学习始终无法提起兴趣，而且常常以消极甚至一些极端的方式表达情绪。

孩子厌学后可以明显看出他对学习已经不上心了，对待老师的批评更是极度反感，甚至采取一些极端的做法，如不写作业、故意找老师麻烦等。还有一部分孩子已经产生生理反应，如上课打盹、看书犯困等。此时，如果父母想去引导干预，他们可能会一言不发，或者故意转移话题，更有甚者会大发脾气。

如果孩子已经出现这种情况，父母就要重视起来了。因为此时孩子已经无法自控，最重要的是找到孩子厌学的根本原因，有针对性地去处理。

我曾经的一个学生，以前学习一直很好，与老师、同学相处得也很融洽，但是自上初三以后，他就像变了一个人。上课开始打盹走神儿，下课与同学打打闹闹，回宿舍偷藏手机、烟、酒等，我曾经与他的父母就此问题沟通过，他父母的回应并不积极。直到有一天，他以上学为由偷偷离家出走了，父母才意识到问题的严重性。

几经辗转在火车站找到了他，可能是出走的经历与想象并不契合吧，他见到我们的第一句话就是："我错了，我再也不这样了。"但是，简单的认错并没有改变他对待学习的态度，他的父母向我求助，因为他回家后就跟父母闹着不想上学了。

翻阅他之前的成绩册，又详细询问了他的父母后，我终于找到了答案。他升入初三后，学校班级进行了大调动，与他要好的几个朋友都被分到了其他班，他觉得自己在班级中没有朋友，十分无趣。之后，模拟考试受心情影响，从年级前十退到了前五十名，父亲为此对他大骂，还问他是不是因为早恋影响了成绩；母亲不但没有从中劝解，甚至还将他日记中的心里话拿出来当作证据来指责他。

父母的打击让他觉得世界上没有人了解他，学习成了他的枷锁。他看到初中出去打工的伙伴回来时很光彩，社会上很多人活得很潇洒，于是他开始萌生了退学的念头。之后，又引起了一系列连锁反应，厌学导致成绩下降，父母变得急躁，他因父母的急躁也变得焦躁。

了解了问题的根源后，我与他的父母进行了长谈，告知问题所在，他的父母表示会与老师好好配合，转变孩子的思想。经过一段时间的努力，他找到了正确的方向，最终以优异的成绩考入了市重点高中。

其实，没有哪个孩子是天生讨厌学习的，他们从幼儿时期开始就对世界充满了好奇，对知识充满了渴望，而那个将孩子好学之心剥夺的正是父母的教育方式。大家应该听说过"入园焦虑症"吧？很多孩子最初上幼儿园时会哭，那是因为他们缺乏安全感，处于幼儿叛逆敏感期的他们，因为幼小无助，所以只能用哭闹来宣泄他们的情绪。

对于此时的孩子来说，妈妈的话语、拥抱等都可以缓解他们的焦虑。比如，妈妈在孩子入园前给孩子描述一些幼儿园的美好，不要说一些威胁恐吓的话。"在幼儿园不可以打闹，不然老师会打你。""不要随便跑出幼儿园，外面坏人很多。""你再不听话就把你送幼儿园了。"诸如此类的话，会让孩子对幼儿园产生一种抵触心理，甚至他们会想象：上幼儿园就是妈妈不要我了。成人进入陌生的环境时还会觉得不自在，更何况一个孩子呢？

再比如，可以与孩子共同约定时间，告诉他在幼儿园要乖乖的，等太阳跑到房顶上面时妈妈就会来接你。给孩子一个期盼的点，就是给了孩子安全感。

除了幼儿，小学生及青春期的孩子更容易产生厌学情绪，环境的转变、学习难度的增加、父母的情绪等都有可能成为孩子产生厌学情绪的根源。有些父母常常抱着"没有压力就没有动力"的想法给孩子施加压力，对孩子的要求十分严格，常常与孩子的同学、朋友的孩子、邻居的孩子等做比较，自以为这样就能给孩子树立榜样，增加学习动力，殊不知这种高标准的要求极有可能让孩子产生叛逆厌学的心理——"既然我不行，那我就不行给你看。"

"没有压力就没有动力"的想法是正确的，主要问题就是父母如何给孩子施压。训斥、比较等都不是最好的方法，最有效且实用的方法就是走进孩子的内心，发现他们的兴趣，正面引导孩子去发现学习的快乐。

正面的压力，孩子可以用双手带动整个身体扛住，而侧面的压力，孩子则会在无意识的情况下被打倒。孩子厌学并不可怕，可怕的是明知道孩子的厌学情绪在一点点积累，却无法在第一时间找到原因。当孩子发展到无法自控时，再去排解那就晚了。

以成绩论英雄，是在埋没孩子的潜能

自2016年后，教育改革中一直在提的一个词叫"核心素养"，核心素养是什么？指的是孩子成长过程中需要具备的，能够适应终身发展和社会发展需要的必备品格和关键能力。也就是说，教育的目的并不是简单的知识储备，而是让孩子在学习过程中将知识学以致用，在学习过程中培养思维能力，在学习中做到人格、三观的健全。

但是，现在还有很多父母并没有弄清孩子学习的目的，还是简单地拿成绩来论英雄，殊不知一张试卷中装了多少偶然性，一张试卷又怎么能评判出孩子的能力呢？

我们先来看看成绩的由来吧。教育改革之前，主要是以知识掌握程度评价学生的好坏。在应试教育的驱使下，学校和家长很长一段时间都在以分数论英雄。于是，人们习惯于将成绩的高低与孩子的能力直接挂钩，觉得成绩好的孩子就是优秀的，是好孩子。

其实，成绩所检测的只是孩子近段时间内对所学知识的掌握程度，如果父母总以成绩作为评价孩子的唯一标准，就会忽略孩子身上的其他优点。特别是儿童进入厌学叛逆敏感期之后，父母的这一评价原则会让孩子对学习产生负担，甚至会成为诱发孩子厌学情绪的原因。

　　我有一个学生，学习成绩很好，就是老师、同学及父母眼中的优秀生。看了她的成绩后，我对她的第一印象也特别好。但是，她来我们班一段时间后，我便发现了这个孩子身上有着很多问题。

　　比如，课上小组合作研讨时，她一言不发，时不时还会以轻蔑的眼神瞟向发言的人。但是只要老师一到她们小组旁边，她就开始抢着说话，还特意将声音提到最高。

　　再比如，她一直要求父母车接车送，从来不坐校车。如果父母有事儿不能送她来学校，她便以不上学做要挟，而且她常常跟同学说："我是一个这么优秀的人，你们都得听我的。"

　　再如，她的思维也很特别，美术老师要求她画画，她会说："我将来不学美术，我也不感兴趣。"体育老师让她长跑时，她会说："智力障碍者才卖那种力气，我只要学习好就够了，高考体育多少分呀？"

　　……

　　诸如此类的例子举不胜举。骄纵、蛮横、自私、有心机等，我觉得所有不应该出现在一个中学生身上的问题她都有，而与她父母沟通时得到的回应是："我们孩子只要学习好就行了，没有什么大不了的。"听到这话我不由得感叹，学校尚且关注学生的养成教育，为何家长对于自己的孩子却只以学习成绩这一条来评价呢？

　　不能否认这个孩子的智商很高，但将来立足于社会所依靠的并非单单是智商呀。如果说老师需要提高教育质量、需要关注成绩，那么父母更需要关注孩子个体的成长呀！

　　个体的成长才是父母更应该关注的问题。最近的探讨之中，越来越多的父母已经明白这个道理，过分关注成绩，或者总是施加压力、暗示孩子一定要考高分等对孩子来说是极不公平的，长久下去，必定会产生逆反心理，甚至会影响亲子关系。所以，父母要了解孩子的想法和兴趣，培养孩子的生存能力，关注孩子是否有健全的人格和正确的三观更为重要。

很多年前，我们班有一个成绩中等偏差的孩子，姑且叫他小松，很是淘气。但是班里的同学都很喜欢他，很多孩子在遇到心情不好或者家庭矛盾时都会与他聊一聊，曾经我听到他劝解一位正与父母闹别扭的同学。

那位同学最近很烦躁，因为妈妈偷看了他的日记，发现他喜欢上了班里的一个女孩，爸爸因此对他大发脾气，本来是走读生的他已经住校三天没有回家。这件事对于一个青春期的孩子来说烦躁是很正常的，他的隐私保护意识在增强，青春期爱的冲动也已经萌芽。

我以为小松听后会嘲笑他，或者与他一起吐槽父母管得宽。但是没想到小松却说："我觉得你应该和父母好好沟通，其实就是你们彼此沟通少，你妈妈才会偷看你日记本的，而且你现在因为这么点儿事就住校，他们在家得多伤心呀。"

我不由得感叹小松的三观很正。这时小松又说："我也觉得你现在不适合谈恋爱呢，你的自制力不行。如果你们一起努力考一个高中，一个大学也行，但是你这性格恋爱就有可能忘了学习，那以后人家考上了，你考不上，你们还是不能在一起，你多冤呀。"

那位同学点点头，又故意跟小松开玩笑似的说："你的成绩差，你也找个成绩差的，你俩都考不上，那中学就直接毕业回家结婚得了。"

小松也笑着说："我这成绩是偏科造成的，你没发现我文科不错呀？我都想好了，我将来上职高，选择一个我喜欢的专业，然后上对口大学。也许你将来还不如我呢！"

听完小松的这段话，我觉得这个孩子被他父母教得很好，三观正、思路清，不悲观、不后退，而且他对自己的未来有着清晰的规划，有目标的人怎么会不优秀呢？

小松在毕业时对我说："老师，我的爸爸妈妈从来不会因为我的成绩不好就觉得我是个坏孩子，他们给我买了很多书，为我的将来操了很多心，而且他们支持我的每一个选择。最重要的是老师，你与我的爸妈一样，从来不会因为我成绩差就把我放在最后一排，谢谢您。"

现在，小松的目标已经实现了，他顺利地考上了理想的大学，选修了他最喜欢的动画专业，现在就职于某世界500强公司，负责企划运营，相信将来他一定会发展得更好。

虽然古语说"三岁看老"，但孩子就像未雕琢的璞玉，先天条件只决定了其形，后天的雕琢才是决定其价值的关键。因此，不要总以孩子的一时成绩来判断孩子的成败，重要的是孩子有多少潜能被埋没。

你可能会发现，一个孩子的成绩与审美无关，一个孩子的成绩与情商无关，一个孩子的成绩与三观无关，一个孩子的成绩与品质无关……而这些无关项也许就是决定孩子未来的重要项。每个孩子身上都有闪光点，如果父母不去发掘，谁又能给孩子一个机会呢？发掘孩子的优点，培养、发展这些优点，你会发现原来自己的孩子是这样的优秀。

孩子没有学习热情，是因为缺少内在驱动

　　孩子从出生开始，对外界就充满了好奇，他们用各种感官去了解这个世界，还记得那个婴儿时期总想将各种东西都含在嘴里的娃娃吗？还记得刚会走路就开始模仿别人走路的宝贝吗？还记得那个总跟在你后面问这问那的孩子吗？他们对探索世界充满了热情，但是为什么到了给他们充裕时间学习的时候，他们却没有了那份热情呢？

　　其实，无论是孩子还是成年人，对一切的未知都是有探索欲望的，之所以会丢失这份热情，追根究底，还是受内在驱动的影响。举一个例子，有一项技能好多人都在学习，你也想尝试学习，但是工作很忙，生活又很繁杂，你总觉得自己没有时间去学，就把这件事拖延下来了。但是，你突然接到一个消息，学习这项技能之后可以升职，那你就有可能抽出时间来学习。升职就是你内心的驱动力，学习热情也由此驱动力产生。

　　再来看孩子，他们学习热情的内在驱动力源于什么？对于小学生而言，他们不懂得大学、工作和社会，他们也并不明白学习文化的重要性。在一次调研中，当问起小学生你为什么要学习时，得到了如下答案：

　　"我为了让爸爸妈妈高兴。"

　　"我长大想当科学家。"

"我想得到奖励，我要做好学生。"

……

这些孩子是有内在驱动力的，但他们的内在驱动力并非是由心而发的如成年人那般对未来的规划。这些孩子是有学习热情的，他们的内在驱动就来自父母、老师等潜移默化的影响和良好的教育。

说"为了爸妈高兴"的孩子一定是看到了自己表现好时父母十分高兴，或者平日父母常常用"你努力学习爸妈就很高兴"之类的话来教育孩子，而且这个孩子的父母平日的教育一定是赞赏多于批评。

说未来理想的孩子一定是受到了职业的暗示，也许父母曾经有意识地对他进行过引导，比如带他去科技馆等；也许他从某些图书中了解到了科学家的伟大而心生羡慕。总之，这个孩子的内在驱动力是在受引导下而自发形成的，严格来说比第一个孩子的驱动力形成得更为坚固。

如果同样的测试问不同年级的学生得到的答案也不会相同。但是无论哪种回答，我们都可以从中发现有学习热情的孩子心中一定会有一份驱动力在，而对学习产生厌烦的学生驱动力一定是薄弱甚至不存在的。

那么，怎样才能让孩子心中拥有这份驱动力呢？这还是要依靠父母、老师及社会的良好指导。对父母而言，与孩子之间的关系十分亲密，孩子会受到父母言行的影响，这就是为什么古人会有"龙生龙，凤生凤，老鼠的儿子会打洞"的说法。如果父母平日的言行中透出的信息为学习是很重要的，那孩子一定会觉得学习很重要。

当然，这个言行透露并不是指反复说教。要知道，无论哪个年龄的孩子都会有自己的思想，而内在驱动力虽然受外界影响却也需要内心自主产生，不能被动接受。不同年龄段的孩子，他们的自我意识也不同，父母要在孩子不同的年龄段给予符合年龄的正确教导，这才是成就孩子的关键。

在小学低年级阶段，兴趣还是第一要务，"乐学"要远远大于"好学"。但是，孩子的好奇心是瞬间的事，如果父母抓住这一瞬间的原动力，将其放大，使孩子的好奇心得到满足的同时也激发了更大的好奇，当好奇成为兴趣时，孩子的内在驱动力便产生了。

还记得学生时代的物理、化学科目吧？这些课程最初进入课堂时就是以实验为主，激发学生的探索兴趣，这就成了学习这一学科的内在动力。当然，还有一些孩子的内在动力很特别，如老师对我好、这科作业留得少、老师说话很有趣等。对于这些动力父母也不用否定，无论哪种驱动力都会引起孩子对这一学科的喜爱，也会使孩子将这一兴趣保持下去。

但是，到了小学高年级或者中学阶段，在兴趣的基础上一定要给孩子找准自我定位的机会，要让孩子明白一个道理：学习是为了自己，并非为了别人。

之前有个孩子小学时数学成绩一直很差，但自从升入中学，他的数学成绩一路飙升。当问起他为什么会取得这么大的进步时，他的回答竟然是："我们数学老师从来不会看不起学习不好的学生。"

由此回答推想，他在小学时可能因为成绩差被老师骂过吧，其实学校教育就是这样，当一个孩子对老师产生抵触心理时，那这个孩子的成绩一定好不了，原因是什么呢？就是因为孩子年龄虽然增长了，却没有把兴趣转化为以自我发展为中心的内在驱动力。

我们也常常听到一些孩子说"我就不给他考好"之类的话，成年人会觉得孩子很可笑，学习又不是为了老师，你不考好又能怎样呢？这类孩子的内在驱动力自建立之时就是错误的。

所以，建议父母在孩子兴趣的基础上正面引导孩子开发内在驱动力。比如，按照孩子的兴趣点给予一定的引导，可以带孩子去参观博物馆，去看相关名人纪录片，等等，并时时鼓励不要打击。在孩子学习内在驱动力的开发上，父母一定不要偏激，逐步进行，切记不要打击，孩子在成长过程中，虽然叛逆期只是那几年，但事实上孩子可能会不时地出现叛逆的特征，而打击一定是最容易触发的诱因。

再次强调，孩子的学习热情源于兴趣，发展于周边的肯定与鼓励，形成于自我意识的爆发，从心建立的内心驱动力才会更长久、更稳固。

孩子听课听不进去，这样提高他的专注力

教育改革之后，教师一直花费心思去改变课堂教学方式，将课堂变得多彩起来，使学生的听课效果更好，提高课堂效率。为什么如此花费心思将课堂教学变丰富呢？其实还是为了提高学生的专注力。如果孩子听课听不进去，再高明的老师也无法改变课堂教学效果差的事实。

很多家长不明白，为什么自己家孩子这么努力了成绩总上不去，也不明白为什么别的孩子知道的事情，自己的孩子却会说"老师没说"，其实他没有撒谎，也并非教师没说，而是他真的没有听到老师说。

在年末总结报告中，我总结过一年的咨询情况，发现咨询上课走神儿的尤其多，那么为什么孩子的专注力如此差，上课总是开小差呢？仔细观察就会发现，孩子上课听不进去源于他的注意力、专注力差，而这个差的形成追根溯源还是原生家庭的问题。

大多数上课精力不集中的孩子，大部分是小时候时常被打断的那批人。简单来说，就是在孩子专注力形成的初级阶段，还不够专注的时候，身边总会出现一个打扰他的人。比如，孩子正玩得高兴，妈妈跑上前来说："来，宝宝喝口水。"再如，孩子专心看动画片时，奶奶突然上前抱起孙子亲了一口；或者孩子正在商场专心挑选玩具呢，爸爸跟在后面一会儿推荐这个，一

会儿推荐那个。

很多情况下，正因为在孩子专注力形成的关键时刻，身边的人却做着打断孩子专注力的事情，导致孩子专注能力下降，表现为没有耐心、坚持力不足、上课效率差等。那么，如果孩子上课无法专心，我们又可以用什么样的方法去弥补这一不足呢？其实，方法有很多，重点是父母需要筛选适合自己的，不能照本宣科地实施。

有个著名的"糖果实验"还记得吗？我也曾经在我的班级中做过同样的实验，只是稍微改了下实验方法，我需要测试孩子的专注力可以用什么方法来延迟。

实验一，我将班级中学习成绩不相上下的20个学生分成了两组，播放同样的教学视频。不同的是，甲组没有语音提醒，乙组有语音："请注意听讲"。结果，甲组的学生在没有老师监督的情况下，10分钟左右就出现一个走神儿的人，实验结束时发展到6个人；而乙组虽然过程中有同学将要走神儿，但是通过间隔性的老师语音提醒，实验最后只有1人走神儿。

由实验可以看出，孩子上课效率差，注意力不集中的现象是普遍存在的，但是经过提醒，孩子还是可以很快恢复到听课状态的。如果孩子上课精神不集中，父母可以与老师沟通，请老师上课时多观察，不时地提醒。

实验二，同样将20名学生分为两组，准备两段同样内容的视频，只是讲解方法不同。甲组播放的视频生动有趣，乙组的视频只有老师正常讲解。实验结束时，甲组同学始终专注听课，而乙组同学大约10分钟后就出现了第一个不听课的人，直到实验结束，有8个同学被打败。

此实验说明了兴趣的重要性，孩子上课注意力的集中与否与兴趣有很大关系。如果孩子因为这种原因丢失了注意力，父母就要从内心驱动力去教育孩子了，激发他的学习兴趣，让他正确认识学习的重要性，从内心出发，爱上学习。

　　最后一个实验同样将20名学生分为两组，第一组在大教室上课，第二组在有隔板的小教室上课，教师通过电脑直播同样的内容。结果发现，在大教室上课的孩子上课的效率较差，而单人单桌的小隔板教室的学生注意力较集中。

　　从最后一个实验可以看出，孩子的学习是受学习氛围影响的，一个好的学习氛围将成就更多的孩子，而当孩子处于不良的氛围之中，依照"近朱者赤，近墨者黑"的原理，他也极容易受到环境的影响。所以，大教室中的孩子更容易受到身边孩子的影响，只要有一个走神儿听不进课的，其他同学必将受其影响；但小教室单人单桌，不会受到太多的内部干扰，所以才容易找到真我，在内心学习动力的驱使下，走神儿的概率就会小很多。

　　当然，如果你的孩子还是听不进课，无法集中注意力，就要了解原因了。父母与孩子的正确沟通有两个原则——尊重和鼓励。尊重孩子的想法，孩子虽小，也会有内心活动。当孩子告诉父母上课无法听进去的原因后，无论你是怎样震惊，也不要表现出来，还是要以鼓励为前提。你要明白，孩子告诉你是出于信任，而不是让你评判，更不是给你训斥孩子提供机会。

　　了解孩子上课听不进去的原因后，父母就要有针对性地开始引导了。给孩子鼓励，帮孩子克服心理问题，与学校进行沟通，请老师对孩子适时提醒，这才是纠正孩子听课问题最简单可行的办法。

孩子一考就"糊"，首先要治愈他的考试恐惧心理

生活中，我们还可以看到一类孩子，他们平日学习状态很好，但是一到考试就不行了，不仅会考前焦虑，对考试产生恐惧心理，甚至一考就"糊"，如此反复，越是考不好便越怕考试。久而久之，如此循环，孩子必将进入厌学叛逆的状态。因此，孩子的考试成绩出了问题，需要最先治愈的一定是孩子对考试产生的恐惧心理。

记得学生时代，有一段时间我每逢期末测试就会发烧。那段时间，我每个期末考试都是吃着退烧药去考的。虽然最终的考试成绩没有那么差，但是也无法与平日的表现相比。

为此父母与我谈过，爸爸也一直说我考试发烧是不是吓的。其实现在想来，无非是复习期间强度比较大，我又不是一个那么能抗压的人，所以便由心理到生理发生了变化。当时，为了纠正我的思想，在考试之前妈妈陪我休息，爸爸会给我讲各种笑话。果不其然，从那一年开始，我考试前就没有再发烧了。

考试焦虑症是一种心理障碍。在我的考前焦虑症出现后，我的父母通过考前一起互动的亲子时光，使我慢慢调整好了自己。近年来，考前焦虑症出现在越来越多的考生身上，它也直接影响了考生的临场发挥能力和心理健

康，这怎么可能考出好成绩呢？那么，你知道为什么孩子在考前会有恐惧的感觉吗？

首先，这是由心理因素导致的，也就是我们常说的心理素质差。因为考前紧张的复习生活，导致孩子的情绪处于不稳定状态，孩子是无法调节自己内心的，如果这时父母还在说"一定要考好""你得考个好成绩才对得起这半年的复习呀"等这种给孩子施加压力的话，就等于雪上加霜。

其次，不健康的用脑。很多父母在孩子考试前也变得十分紧张，只注重孩子的学习，不注意孩子的休息。甚至考前有些父母在孩子的饮食上出现极端的做法，要么让孩子使劲儿吃，什么有营养吃什么；要么就不注意孩子的营养，饮食营养跟不上体力付出。总之，这种不规律的生活也会让孩子对考试产生恐惧心理。

以上都是孩子可能出现考前恐惧的诱因。除此之外，运动量、情绪等也会诱发孩子产生恐惧心理。那么，如果孩子已经产生了恐惧心理，该怎么办呢？

轻车熟路不着急。

父母一定要让孩子明白考试是怎么回事，熟悉考试的流程及目的，其实考试只是检验近段时间内孩子对知识的掌握程度，而并不能以一次成绩就论输赢。父母可以以此鼓励孩子，考试之前做好充分准备，虽然考试不分胜负，但是可以利用这次机会熟悉自己的优劣势，展现自己。

要树立自信心。

其实，人之所以会有考试恐惧症或焦虑症，追根究底还是自信的问题。一个具有良好心理素质的人从来不会因为外界的一些波澜而受到影响。人的内心都是对客观现实的主观反映，如果你对本次考试信心十足，又怎么能因为恐惧而无法发挥出正常水平呢？还记得沙漠中半杯水的故事吧？乐观的人看到半杯水，会高兴地说："哇，幸好还有半杯水。"而悲观消极的人一定会说："怎么就剩下了半杯呀！"

所以，将考试看得平淡些，以积极的心态等待考试，这样才可以在考试中积极应对各种题目及考试过程中需要面临的其他因素，消除内心中不必要的顾虑和担心。无顾虑之下，考试就会变得更轻松。

最后，需要明确一点，当孩子拿回一份让你感到失望的试卷时，也不要以"翻旧账"的方式训斥孩子，这样会让孩子在下次考试中产生心理负担，长此以往，孩子的心理负担会转化为厌学、怕考试等心理问题。

其实，现实生活中不少家长总喜欢"翻旧账"。当孩子犯错时，就会牵扯出之前一堆的错处，父母就像是拿到证据、抓到把柄一样训斥孩子，我们暂且不说孩子是不是会产生厌学情绪，这种行为方式教育出来的孩子必定也学会了这种思维方式，这些对孩子的成长是十分不利的。

看一看现在的社会新闻，现在孩子的心灵是多么脆弱，多少孩子因为一张试卷上演了一桩桩惨案呀。某地女生因成绩差被家长批评后离家出走，找到已经成了尸体；某地女生因试卷中老师多减了几分，从15楼跳了下去；某地学生因为同宿舍朋友嘲笑他考试成绩差，结果在毕业时将两位室友打伤……这些事实都在告诫我们，成绩不能决定什么，重要的还是健全人格的形成。

莫以一时论英雄。父母与孩子也要多一些交流与沟通。孩子的心灵很脆弱，在没形成正确的价值观前父母的影响就显得尤为重要。